EL DIOS QUE RESTAURA

EL DIOS QUE RESTAURA

Copyright © 2022 por Love God Greatly Ministry – Ama a Dios Grandemente

Se garantiza el permiso para imprimir y reproducir este documento con el propósito de completar el estudio bíblico de *El Dios que Restaura*. Por favor, no alterar este documento en forma alguna. Todos los derechos reservados.

RV2020 © Sociedad Bíblica of Spain Used with permission

Publicado en Dallas por Love God Greatly.

Colaboración con la fotografía:
unsplash.com

Fuente de la receta:
Yating, rama china de LGG

Fuente de Información y datos:
Joshua Project, joshuaproject.net/languages/cmn (accessed April 13, 2022)

Bibliografía:
Gross, Bobby. *Living the Christian Year*. Downers Grove, IL: Intervarsity Press, 2009.

Publicado en los Estados Unidos de América, Datos de catálogo de publicación de la Biblioteca del Congreso, Impreso en EE.UU.

ISBN 979-8-9862838-1-4

27	26	25	24	23	22
6	5	4	3	2	1

CUANDO LAS MUJERES
ESTAN EQUIPADAS CON
EL CONOCIMIENTO
DE LA VERDAD DE LA
PALABRA DE DIOS,
EL MUNDO CAMBIA,
CON UNA MUJER A LA VEZ.

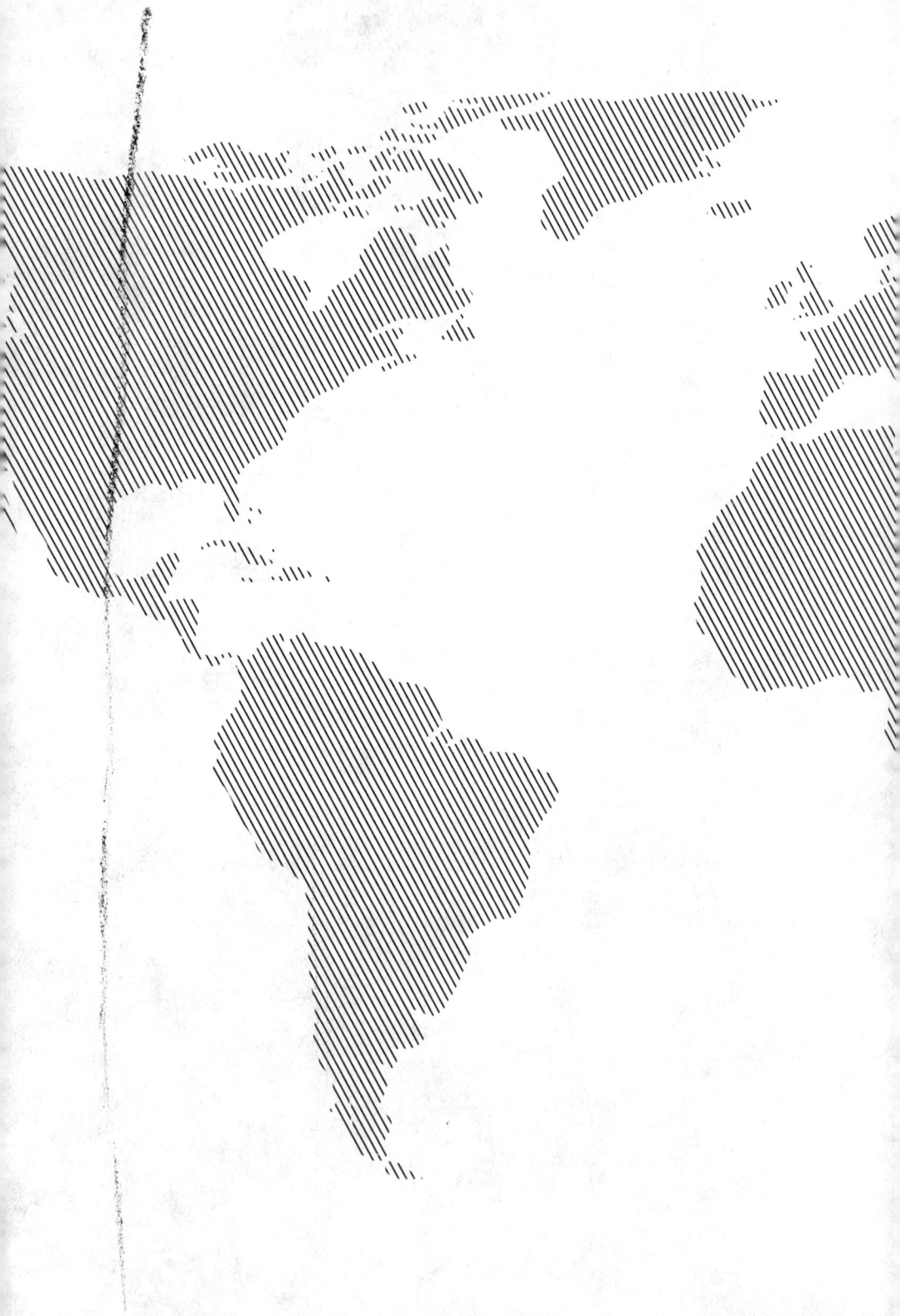

ESTE DEVOCIONAL PERTENECE A

....

FECHA

\   \
....

CONTENIDO

¿Sabes?

HEMOS ORADO POR TI; NO ES UNA COINCIDENCIA QUE ESTÉS PARTICIPANDO EN ESTE ESTUDIO.

¡BIENVENIDA AMIGA!

Estamos muy contentas de que hayas decidido acompañarnos en este estudio bíblico. Antes que nada, tienes que saber que hemos orado por ti. No es una coincidencia que estés participando en este estudio.

Nuestra oración por ti es sencilla: que estés más y más cerca del Señor a medida que profundizas en Su Palabra diariamente. Cada día, antes de leer los pasajes asignados, ora y pídele a Dios que te ayude a comprenderlos. Invítale a hablarte a través de Su Palabra. Y después, escucha. Es Su trabajo hablarte y el tuyo escuchar y obedecer.

Toma tiempo para leer los versículos una y otra vez. Se nos dice en Proverbios que, si buscamos, hallaremos: "Si como a la plata la buscares, y la escudriñares como a tesoros, entonces entenderás el temor de Jehová, y hallarás el conocimiento de Dios" (Proverbios 2:4-5)

Todas nosotras en Ama a Dios Grandemente no podemos esperar a que comiences y esperamos verte en la línea de llegada. Resiste, persevera, sigue adelante y no te rindas. Termina bien lo que estás comenzando hoy.

Estaremos contigo a cada paso del camino, animándote y orando por ti. Estamos en esto juntas. Veamos lo que Él tiene para cada una de nosotras en este estudio. Acompáñanos mientras aprendemos a amar a Dios grandemente con nuestras vidas.

NOS NECESITAMOS LAS UNAS A LAS OTRAS, PARA LLEVAR UNA VIDA MEJOR, JUNTAS. ¿TE ANIMAS A INVITAR A ALGUIEN A TU ALREDEDOR CON QUIEN PUEDAS LLEVAR EL ESTUDIO?

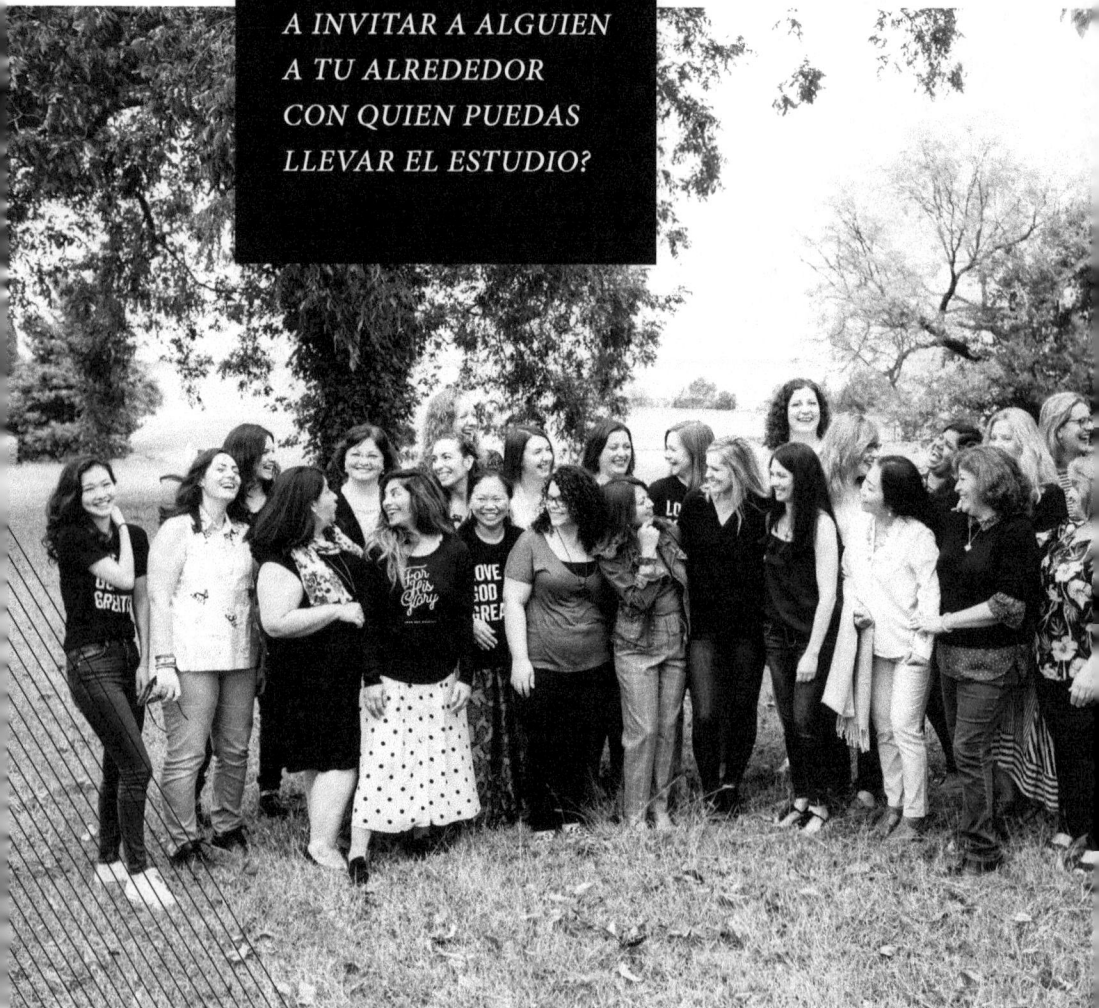

Ama a Dios Grandemente existe para inspirar, animar y equipar a las mujeres alrededor del mundo a hacer de la Palabra de Dios una prioridad en sus vidas.

INSPIRAR a las mujeres a hacer de la Palabra de Dios una prioridad en sus vidas a través de nuestros recursos de estudio bíblico.

ANIMAR a las mujeres en su caminar diario con Dios a través de comunidad en línea y personal.

EQUIPAR a las mujeres a crecer en su fe, para que puedan alcanzar a otras para Cristo de manera efectiva.

Comenzamos con un sencillo plan de lectura, pero no termina ahí. Algunas se reúnen en hogares e iglesias de manera presencial mientras otras se conectan en línea con mujeres alrededor del mundo. Sea cual sea el método, unimos fuerzas con el propósito de amar a Dios Grandemente con nuestras vidas.

En Ama a Dios Grandemente encontrarás mujeres reales y auténticas. Mujeres que son imperfectas pero perdonadas. Mujeres que quieren menos de ellas mismas y mucho más de Jesús. Mujeres que anhelan conocer a Dios a través de Su Palabra porque sabemos que la Verdad transforma y nos hace libres. Mujeres que son mejores juntas, saturadas en la Palabra de Dios y en comunidad unas con otras.

ADG está comprometido con proveer materiales de estudio bíblico de calidad y cree que las finanzas no deberían interponerse para que una mujer pueda participar de nuestros estudios. Es por eso que todos los estudios en todas sus traducciones pueden descargarse de manera gratuita desde LoveGodGreatly.com para todas aquellas que no pueden permitirse comprarlos.

Nuestros libros y guías de estudio también están disponibles para la venta en nuestro sitio web, así como en Amazon. Busca "Love God Greatly" para ver todos nuestros libros y guías de estudio bíblico.

ENCONTRARÁS MUJERES IMPERFECTAS, PERO PERDONADAS

Ama a Dios Grandemente es una organización sin ánimo de lucro 501 (C) (3). Los fondos provienen de donaciones y beneficios de nuestros estudios bíblicos y libros a la venta. El 100% de las ganancias regresan directamente al ministerio para sostener económicamente a Ama a Dios Grandemente y ayudarnos a inspirar, animar y equipar mujeres alrededor del mundo con la Palabra de Dios.

Brazo a brazo, mano a mano, hagamos esto juntas.

NUESTRA MISIÓN

LA NECESIDAD

Billones de mujeres alrededor de mundo no tienen acceso a la Palabra de Dios en su idioma natal. Algunas de las que lo tienen, no encuentran estudios Bíblicos para mujeres diseñados y escritos especialmente para ellas.

LA MISIÓN

En Ama a Dios Grandemente, preparamos estudios Bíblicos en más de 40+ idiomas. Equipamos misioneros, ministerios, iglesias locales, y mujeres con la Palabra de Dios de una manera sin precedente, cuando permitimos que las guías sean descargadas de manera gratuita desde nuestros sitios internacionales.

Al estudiar la Biblia en su propio idioma con comunidades de ideas afines, las mujeres son capacitadas y equipadas con la Palabra de Dios.

Creemos que cuando las mujeres leen y aplican la Palabra de Dios a sus vidas y aceptan el amor inmutable de Dios, el mundo será un lugar mejor. Sabemos que una mujer en la Palabra de Dios puede cambiar una familia, una comunidad, una nación …una mujer a la vez.

ÚNETE A NOSOTRAS

Non gustaría mucho que nos acompañaras en esta misión de proveer a las mujeres alrededor del mundo el acceso a la Palabra de Dios y a materiales de calidad para sus estudios Bíblicos. Si tienes alguna pregunta o para mayor información, puedes visitarnos en línea o enviar un mensaje. Nos encantaría saber de ti.

INFO@LOVEGODGREATLY.COM
LOVEGODGREATLY.COM

ASK@LOVEGODGREATLY.COM
AMAADIOSGRANDEMENTE.COM

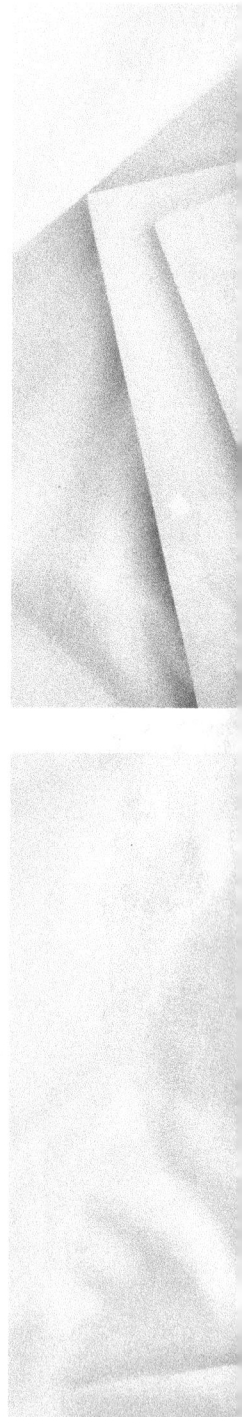

EN AMA A DIOS GRANDEMENTE, PROPORCIONAMOS ESTUDIOS BIBLICOS EN MAS DE 40+ IDIOMAS.

En Ama a Dios Grandemente, creemos que la Palabra de Dios es viva y eficaz. Creemos que las palabras que encontramos en las Escrituras son poderosas, efectivas y muy relevantes para la época y la cultura en la que vivimos. Sabemos que la Biblia fue escrita para el pueblo y para situaciones específicas de determinado tiempo. Creemos que, para interpretar la Biblia de manera correcta, debemos entender el contexto y la cultura de la época en que fueron escritos los originales.

Al estudiar la Biblia, usamos el método EOAO. Este acrónimo significa Escritura, Observación, Aplicación y Oración. Una cosa es leer las Escrituras solamente, pero cuando interactuamos con ella, de una manera intencional y tomando tiempo para reflexionar, la verdad salta a nuestra vista. El método EOAO nos permite profundizar en las Escrituras y ver mucho más de lo que se puede obtener con una simple lectura. Nos permite ser no solo oidoras, sino también hacedoras de la Palabra (Santiago 1:22).

NUNCA ES PERDER EL TIEMPO CUANDO LO DISPONES PARA LEER LA PALABRA DE DIOS. ELLA ES VIVA, PODEROSA Y EFECTIVA; TE HABLA DIRECTAMENTE POR MEDIO DE ELLA

En esta guía devocional, encontrarás lectura diaria y versos para llevar a cabo tu devocional. Leeremos una porción diaria de versículos y aplicaremos el método EOAO a algunos de ellos. Creemos que al usar este método podremos obtener un mayor entendimiento de las Escrituras, lo que nos permitirá aplicarla a nuestra vida de manera práctica.

Los ingredientes más importantes del método EOAO es la interacción que tendrás con la Palabra de Dios y la aplicación de ella a tu vida. Tómate un tiempo para estudiarla con cuidado, descubriendo la verdad del carácter de Dios y Su corazón para Su pueblo.

"I AM"

God who made the world
and everything in it, who is Lord
of heaven and earth, does not
live in temples made by human
hands, nor is he served by human
hands, as if he needed anything,
because he himself gives life and
breath and everything to everyone.

→ He is eternal
* → God is not made or created
- He is eternal, always, everlasting
- Lifegiver
- Creator of all
- He is everywhere
- He cannot be co
- True God

- Ruler
- Over my
- He created me

* • Keep my heart/worship on Him a
- Remember everything is created by
Him + for Him.

Dear Lord,
Thank you for loving me
beyond my understanding.
Thank you for giving me life and
family. Help my heart to its
focus on you and not on my
selfish desires. Forgive me when
I bring you down to my human
understanding. You are the Ruler
King of all!
Amen

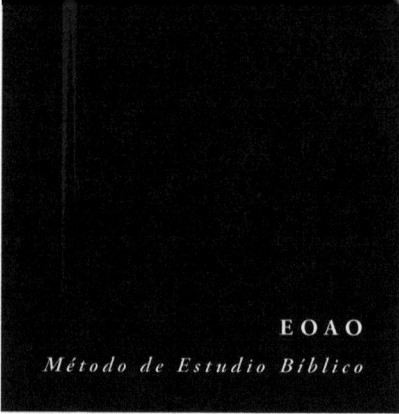

E O A O

Método de Estudio Bíblico

E

ES POR ESCRITURAS.

Escribe los versículos por lo menos una vez.

Lentamente copia el pasaje del texto, enfocándote en lo que estás escribiendo.

Si lo escribes más de una vez, siempre será más gratificante.

O

ES POR OBSERVACIÓN.

Toma un tiempo para observar el pasaje.

¿Qué puedes observar en los versículos que estás leyendo?

¿Cuál es la audiencia a la que se está intentando llegar?

¿A quién le habla el escritor? ¿Cuáles son los factores culturales de la época?

¿Qué factores culturales son importantes? ¿Hay palabras que se repiten? ¿Qué tipo de géneros literarios son usados?

A

ES POR APLICACIÓN.

*Después de observar
con cuidado lo que está
sucediendo en el pasaje,
determina el mensaje
principal y observa la
verdad del mismo.*

*¿Cómo puedes aplicar
esa verdad a tu vida?*

*¿Qué acción es necesaria
en tu vida después
de leer esa verdad?*

O

ES POR ORACIÓN.

Ora la Palabra de Dios.

Pasa un tiempo agradeciéndole

*Si Él te ha revelado algo durante ese tiempo
de oración, considéralo con mayor atención.*

*Confiesa algún pecado que te haya
sido revelado en ese tiempo.*

Y recuerda que Él te ama muchísimo.

APLICACIÓN / *Escribe por lo menos 1 - 2 aplicaciones*

Recuerdo que la fuerza de Dios es más poderosa que cualquier
otra cosa.

Memorizar estos versículos y repetirlos todos los días esta
semana.

Pedirle a Dios que fortalezca mi fe en Él.

Confiar en que Dios me librará del mal

Orar por mis hermanos y hermanas en Cristo.

ORACIÓN / *Escribe una oración sobre lo que has*

Amado Dios,

Gracias por ser constante, fiel y amoroso conmigo y con mi
vida, ayúdame a aumentar mi confianza y fe en ti todos los
días y en los momentos difíciles.

Ayúdame a saber que siempre estás ahí, a mi lado,
guardándome y protegiéndome. Recuérdame el sufrimiento de
los demás y ayúdame a animarlos en su crecimiento.

Te pido todas estas cosas en el nombre de Jesús.

Amén.

33

Al crecer en China, como muchas otras de mi generación, fui la única hija de mis padres. A una edad temprana, los protagonistas de la ficción histórica china capturaron mi imaginación. Me atrajo su fuerte sentido del bien y del mal, el heroísmo que mostraban y los sacrificios que hacían por lo que creían. Sus creencias me intrigaban. Me encontré leyendo libros budistas, islámicos y cristianos durante horas, buscando respuestas pero sin saber cómo formular las preguntas.

Apenas tenía 18 años cuando pisé el campus universitario en los Estados Unidos. Interesada en todo y en todos, rápidamente dije "sí" a mi compañera de cuarto cuando me pidió que la acompañara a un estudio bíblico.

GENTE NORMAL QUE ESTABA VIVIENDO SU FE AUTÉNTICAMENTE...

Allí, la respuesta que había estado buscando me encontró. No me convertí en mi primer estudio bíblico, pero la demostración diaria de la vida cristiana por parte de los líderes del ministerio del campus fue lo que Dios usó para cambiarme. No es ficticio, ni siquiera es heroico, es solo una forma de vida. La gente común estaba viviendo su fe auténticamente, y fue fascinante. Dios tuvo misericordia de mí y me llevó a las respuestas que buscaba.

Durante la universidad fui bendecida con una buena familia en la iglesia, y luego me presentaron a la rama china de LGG. No solemos ver cómo Dios está usando nuestro trabajo de traducción y, a veces, nos preguntamos si realmente Dios lo está usando. Sin embargo, durante esos momentos de ánimos caídos, Su amor y promesas nos han consolado y animado a soportar y traducir un estudio más. Sabíamos que Dios estaba usando nuestro trabajo porque fuimos las primeras en beneficiarse de él.

Habiendo probado la dulzura de Su Palabra, nosotras también estamos ansiosas por compartir la Biblia con quien tenga interés, así como los líderes del ministerio universitario lo hicieron conmigo. No es nuestra obra la que producirá ningún cambio, sino Dios a través de Su Palabra. Alabado sea Dios.

Vivian

Co-líder de la rama china

IDIOMA
Chino,
Mandarín

ESTIMADO
GLOBAL DE
HABLANTES
976,500,000

PARA CONECTARTE CON ESTA RAMA:
Instagram: @lovegodgreatlychinese
Facebook: lovegodgreatlychinese
lovegodgreatlychinese@gmail.com
lovegodgreatly.com/chinese

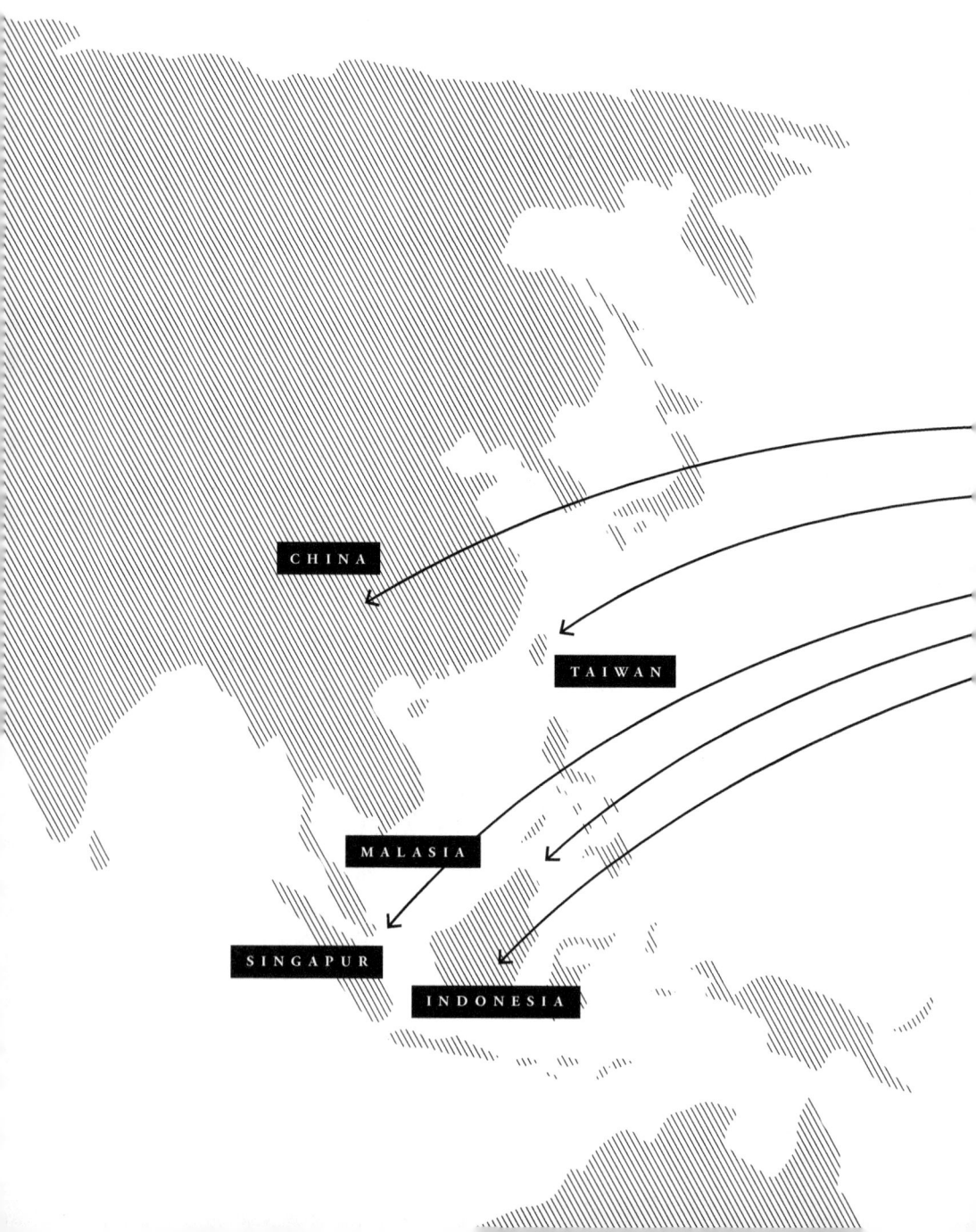

CHINA

TAIWAN

MALASIA

SINGAPUR

INDONESIA

CASA LGG

¿CÓMO PUEDES ORAR POR ESTA RAMA?

• Ora que la influencia que tiene el comunismo desaparezca para siempre.

• Ora por la erradicación de la oposición al Cristianismo.

• Ora para que los creyentes se fortalezcan y estén protegidos en contra de la persecución.

¿QUIERES AYUDAR?

info@lovegodgreatly.com

¿Conoces a alguien que pudiera usar los recursos de Ama a Dios Grandemente en el idioma chino?

Si es así, asegúrate de contarles sobre los recursos de estudio Bíblico que ofrecemos que les ayudarán a equiparse con la Palabra de Dios.

Huevos con Tomate

INGREDIENTES

4 CUCHARADAS DE ACEITE VEGETAL

6 HUEVOS

1 CUCHARADITA DE SAL

1 LIBRA DE TOMATES DE TEMPORADA

1 CUCHARADITA DE AZÚCAR

2 CUCHARADAS DE SALSA DE TOMATE

1 CUCHARADITA DE JENGIBRE PICADO

1 CUCHARADITA DE MAICENA

3 CEBOLLAS VERDES (CEBOLLÍN), EN RODAJAS

PREPARACIÓN

Calienta aceite en una sartén.

Bate los huevos, agrega sal, luego cocina revolviendo los huevos en la sartén caliente.

Cuando esté completamente cocido, retira los huevos de la sartén y reserva.

En la misma sartén, saltea los tomates cortados en dados. Agrega el azúcar, salsa de tomate (ketchup) y jengibre.

Coloca los huevos revueltos nuevamente en la sartén, revuelve con los tomates durante unos 30 segundos.

Espolvorea maicena en la sartén y cocina a fuego lento. La salsa se espesará.

Cuando la salsa haya alcanzado el espesor deseado, retira los huevos con tomate de la sartén. Adorna con cebolla verde y sirve con arroz.

CONOCE ESTAS VERDADES

DIOS TE AMA

La Palabra de Dios dice "Porque de tal manera amó Dios al mundo, que ha dado a su Hijo unigénito, para que todo aquel que en él cree, no se pierda, mas tenga vida eterna" (Juan 3:16).

NUESTRO PECADO NOS SEPARA DE DIOS

Todos somos pecadores por naturaleza y elección y a causa de esto estamos separadas de Dios, que es Santo. La Palabra de Dios dice "por cuanto todos pecaron, y están destituidos de la gloria de Dios" (Romanos 3:23).

JESÚS MURIÓ PARA QUE TÚ PUEDAS VIVIR

La consecuencia del pecado es muerte, pero tu historia no debe terminar ahí. El regalo de la salvación está disponible para cada una de nosotras porque Jesús tomó la culpa por nuestros pecados cuando murió en la cruz.

La Palabra de Dios dice: "Porque la paga del pecado es muerte, más la dádiva de Dios es vida eterna en Cristo Jesús Señor nuestro" (Romanos 6:23); "Mas Dios muestra su amor para con nosotros, en que, siendo aún pecadores, Cristo murió por nosotros" (Romanos 5:8).

¡JESÚS VIVE!

La muerte no lo pudo retener y tres días después de que Su cuerpo fuera colocado en la tumba, resucitó de nuevo, derrotando al pecado para siempre. Él vive en el cielo y está preparando un lugar en la eternidad para todos los que creen en Él.

La Palabra de Dios dice "En la casa de mi Padre muchas moradas hay; si así no fuera, yo os lo hubiera dicho; voy, pues, a preparar lugar para vosotros. Y si me fuere y os preparare lugar, vendré otra vez, y os tomaré a mí mismo, para que donde yo estoy, vosotros también estéis" (Juan 14:2-3).

SÍ, PUEDES SABER QUE ERES PERDONADA

Aceptar a Jesús como Salvador no se trata de lo que tú puedes hacer, sino de tener fe en lo que Jesús ya ha hecho. Implica reconocer que eres pecador, creer que Jesús murió por tus pecados y pedir perdón al poner tu confianza en la obra de Cristo a tu favor.

La Palabra de Dios dice, "que, si confesares con tu boca que Jesús es el Señor, y creyeres en tu corazón que Dios le levantó de los muertos, serás salvo. Porque con el corazón se cree para justicia, pero con la boca se confiesa para salvación" (Romanos 10:9-10).

ACEPTA A JESÚS COMO TU ÚNICO SALVADOR

De manera práctica, ¿cómo se hace? Con un corazón sincero, puedes hacer una sencilla oración como esta:

Jesús,
Sé que soy pecador. No quiero vivir otro día sin aceptar el amor y el perdón que Tú tienes para mí. Pido Tu perdón. Creo que moriste por mis pecados y te levantaste de la muerte. Rindo todo lo que soy y te pido que seas el Señor de mi vida. Ayúdame a volverme de mi pecado y seguirte a Ti. Enséñame lo que significa caminar en libertad y vivir bajo Tu gracia y ayúdame a crecer en Tus caminos a medida que Te busco más y más.
Amén.

CONÉCTATE Y CRECE

Si acabas de hacer esta oración (o alguna parecida con tus propias palabras) puedes escribirnos a info@lovegodgreatly.com.

Nos encantaría ayudarte a comenzar en este emocionante viaje como hija de Dios.

Comencemos

EL DIOS QUE RESTAURA

Introducción

Todas hemos vivido una temporada de espera. Ya sea que estemos en una de ellas en la actualidad o la hayamos experimentado en el pasado, sabemos que habrán más temporadas de espera. Mientras esperamos y anticipamos cosas en esta tierra, también sabemos que estamos esperando algo más. En última instancia, estamos esperando que Jesucristo, nuestro Salvador y Rey eterno, regrese y restaure completamente a Su pueblo y establezca Su reino en la tierra.

El Adviento es una temporada de recuerdo y de espera. Esperamos el regreso de Cristo, recordando las promesas que Él ya ha cumplido. Dios prometió enviar un Mesías para salvar al mundo del pecado y la muerte. Jesucristo, el Hijo de Dios, vivió una vida perfecta, murió una muerte sacrificial y fue devuelto a la vida. En Su primera venida, Él redimió al mundo del pecado. Cuando Él regrese, Él restaurará completamente a Su pueblo y establecerá Su reino en la tierra.

El Adviento es una temporada de reconocimiento del quebrantamiento que enfrentamos en nuestro mundo todos los días. Nos tomamos el tiempo para recordar y reconocer la forma en que el mundo es, no cómo debería ser, y esperamos con gran expectativa a que Cristo venga y restaure la paz. En Su primera venida, Jesús restauró nuestra relación con Dios que había sido rota por el pecado; cuando regrese, restaurará al mundo del dolor y el sufrimiento, de una vez por todas.

El Adviento es una temporada de expresar alegría. Podemos encontrar alegría mientras esperamos y recordamos porque sabemos a quién estamos esperando. Esperamos con gozo el regreso de Cristo, creyendo que la restauración y redención que Él trae será completa. Al alabar a Dios por la primera venida de Cristo y Su obra salvadora, encontramos gozo. Mientras esperamos Su regreso, descubrimos el gozo de saber que todos nuestros anhelos finalmente se cumplirán en Él.

El Adviento es una temporada de reflexión y meditación. Cuando María experimentó la noticia del nacimiento de Juan el Bautista y su embarazo con Jesús, se humilló y reflexionó sobre todo lo que estaba sucediendo. Se preparó para la llegada de Cristo, el Mesías, en tranquila disposición. Su primera venida comenzó como un bebé y lo condujo al sacrificio y la muerte. ¡Su segunda venida comenzará con un toque de trompeta y nunca terminará!

DURANTE EL ADVIENTO, ESPERAMOS. NOS PREPARAMOS; RECORDAMOS. RECONOCEMOS NUESTRO QUEBRANTAMIENTO Y EXPRESAMOS NUESTRA ALEGRÍA.

Durante el tiempo de Adviento preparamos nuestros corazones para celebrar el nacimiento de Cristo. Mientras luchamos contra las demandas y presiones del mundo, reflexionemos y alabemos a Dios por el increíble regalo de Su Hijo. La Navidad es una celebración de Su nacimiento y Su vida, muerte y resurrección. Durante el Adviento, esperamos. Nos preparamos; recordamos. Reconocemos nuestro quebrantamiento y expresamos nuestra alegría. ¡Estudiemos juntas la Palabra de Dios mientras esperamos, no solo la Navidad, sino también Su regreso!

SEMANA 1—¡VEN, SEÑOR JESÚS!

○ *Lunes / Esperando la Liberación*
Lectura: Isaías 2:1–5
EOAO: Isaías 2:5

○ *Martes / Buscando la Paz de Dios*
Lectura: Salmos 122
EOAO: Salmos 122:8–9

○ *Miércoles / El Rey Viene*
Lectura: Isaías 11—12
EOAO: Isaías 11:10

○ *Jueves / Todas las Cosas Nuevas*
Lectura: Apocalipsis 21—22
EOAO: Apocalipsis 22:13

○ *Viernes / La Llegada del HIjo del Hombre*
Lectura: Lucas 21:25–36
EOAO: Lucas 21:27–28

SEMANA 2—¿HASTA CUÁNDO, SEÑOR?

○ *Lunes / Clamar por Ayuda*
Lectura: Habacuc 1:1–4
EOAO: Habacuc 1:2–4

○ *Martes / Confiar en Su Fidelidad*
Lectura: Salmos 13
EOAO: Salmos 13:5–6

○ *Miércoles / Dios Protege a Su Pueblo*
Lectura: Salmos 94
EOAO: Salmos 94:14–15

○ *Jueves / El Señor Regresa*
Lectura: Isaías 40:1–11
EOAO: Isaias 40:10–11

○ *Viernes / La Gloria Venidera*
Lectura: Romanos 8:18–25
EOAO: Romanos 8:24–25

SEMANA 3—¡TENDRÁS GOZO!

○ *Lunes / Dios Restaura*
Lectura: Salmos 126
EOAO: Salmos 126:4–6

○ *Martes / ¡Levanta Voces de Júbilo!*
Lectura: Sofonías 3:14–20
EOAO: Sofonías 3:17

○ *Miércoles / El Anuncio del Nacimiento de Juan*
Lectura: Lucas 1:5–25
EOAO: Lucas 1:13–17

○ *Jueves / La Alabanza de Zacarías*
Lectura: Lucas 1:57–80
EOAO: Lucas 1:76–79

○ *Viernes / Él es Confiable*
Lectura: Isaias 35
EOAO: Isaias 35:9–10

SEMANA 4—BENDITA LA QUE CREYÓ

○ *Lunes / El Rey Vendrá*
Lectura: Miqueas 5:2–4
EOAO: Miqueas 5:4

○ *Martes / ¡Alaba al Señor!*
Lectura: 1 Samuel 2:1–10; Salmos 113
EOAO: Salmos 113:1–2

○ *Miércoles / El Anuncio del Nacimiento de Jesús*
Lectura: Lucas 1:26–45
EOAO: Lucas 1:30–33

○ *Jueves / Muéstranos Tu Favor*
Lectura: Salmos 123
EOAO: Salmos 123:1–4

○ *Viernes / ¡Exalta al Señor!*
Lectura: Lucas 1:46–55
EOAO: Lucas 1:46–50

TUS OBJETIVOS

Es importante que determines tres objetivos en los que deseas enfocarte cada día al realizar tu devocional y profundizar en la Palabra de Dios. Asegúrate de revisarlos en el transcurso de las semanas de estudio para que te apoyen y te ayuden a mantenerte enfocada. ¡Seguro que sí puedes hacerlo!

UNO

....

....

....

....

....

....

....

DOS

....

....

....

....

....

....

....

TRES

....

....

....

....

....

....

....

Venid, casa
de Jacob,
y caminemos
a la luz
del Señor.

Isaías 2:5

ORA

*Escribe tu oración y tus
agradecimientos de la semana.*

....

....

....

....

....

....

....

....

....

....

....

....

DESAFÍO DE LA SEMANA

*Vivimos entre dos Advenimientos: la primera venida de Cristo como siervo y la segunda venida de
Cristo como Rey. Sabemos que hay más por venir, al igual que los judíos sabían que estaban esperando
un Mesías. Esta semana, cuando comience la temporada de adviento, comprométete a hacer menos:
asistir a menos fiestas, comprar menos regalos, hacer menos compromisos o colgar menos decoraciones.
Comprométete a estar más tiempo con el Señor en esta temporada y abre tu corazón
a lo que Él tiene para ti.*

....

....

....

....

....

ISAÍAS 2:1-5

Lo que vio Isaías hijo de Amoz, acerca de Judá y de Jerusalén. 2 Acontecerá que al final de los tiempos será establecido el monte de la casa del Señor como cabeza de los montes; será exaltado sobre los collados y correrán a él todas las naciones. 3 Vendrán muchos pueblos y dirán: «Venid, subamos al monte del Señor, a la casa del Dios de Jacob. Él nos enseñará sus caminos y caminaremos por sus sendas». Porque de Sion saldrá la ley y de Jerusalén la palabra del Señor. 4 Él juzgará entre las naciones y reprenderá a muchos pueblos. Convertirán sus espadas en rejas de arado y sus lanzas en hoces; no alzará espada nación contra nación ni se adiestrarán más para la guerra. 5 Venid, casa de Jacob, y caminemos a la luz del Señor.

EOAO / *Isaías 2:5*
ESCRITURAS / *Escribe los versículos del devocional*

OBSERVACIÓN / *Escribe 3 - 4 observaciones*

APLICACIÓN / *Escribe por lo menos 1 - 2 aplicaciones*

_____

_____

_____

_____

_____

_____

_____

_____

_____

_____

_____

ORACIÓN / *Escribe una oración sobre lo que has aprendido y lo que Dios te ha revelado.*

_____

_____

_____

_____

_____

_____

_____

_____

_____

_____

_____

_____

_____

_____

_____

_____

EOAO

Isaías 2:5

"Venid, casa de Jacob, y caminemos a la luz del Señor."

EN EL TEXTO

Las profecías de Isaías estaban destinadas a advertir al pueblo de Judá de su necesidad de arrepentirse y volverse al Señor, así como recordarles la esperanza que tenían en la venida del Mesías. Aunque vivían en una época de guerra, caos, destrucción y miedo (resultado, en su mayor parte, de su propio pecado), su Dios no los abandonaría. Él enviaría un redentor, el Mesías, que los salvaría y los restauraría.

A pesar de que había un juicio por venir, Dios ofreció una visión de la gloria futura de Jerusalén. El pueblo de Dios sería atraído a Su morada; vendría al templo del Señor y lo seguiría. Había pecado contra Dios y sufriría Su ira, pero Él los restauraría completamente en Su tiempo perfecto.

Ese es el carácter de nuestro Dios. No importa lo que hayamos hecho o cómo (personal o corporativamente) nos hayamos vuelto contra Él, Él es el Dios que verdaderamente restaura. Él envió a Su Hijo como el redentor de nuestras almas. Él es la esperanza que tenemos, la promesa de restauración. Cuando caminamos hacia su luz, vemos la esperanza futura que tenemos en Él.

El pueblo de Judá esperaba con ansias el primer Adviento, la venida del Mesías. Hoy en día, vivimos entre el primer y el segundo Adviento. ¡Cristo ha venido, y Él viene de nuevo! Mientras vivimos en un mundo roto, hay uno mejor por venir. Nuestro Dios promete restaurar, redimir y reclamar lo que se ha perdido.

Al entrar en esta temporada de Adviento, podemos volver nuestros corazones hacia Él y reflexionar sobre Su carácter. Aunque nuestro mundo está paralizado por el pecado y la muerte, nada le impedirá cumplir Sus promesas. Todavía estamos esperando el cumplimiento de esta profecía en Isaías 2. Mientras lo hacemos, sigamos caminando bajo la luz del Señor, que nos lleva a la fe y a una vida abundante en Él.

SALMOS 122

1 Yo me alegré con los que me decían: «¡A la casa del Señor iremos!».2 Nuestros pies estuvieron dentro de tus puertas, Jerusalén. 3 Jerusalén, que ha sido edificada como una ciudad que está bien unida entre sí. 4 Allá subieron las tribus, las tribus del Señor, conforme al testimonio dado a Israel, para alabar el nombre del Señor, 5 porque allá están las sillas del juicio, los tronos de la casa de David. 6 Pedid por la paz de Jerusalén; ¡sean prosperados los que te aman! 7 ¡Sea la paz dentro de tus muros y el descanso dentro de tus palacios! 8 Por amor de mis hermanos y mis compañeros diré yo: «¡La paz sea contigo!». 9 Por amor a la casa del Señor, nuestro Dios, buscaré tu bien.

EOAO / *Salmos 122:8–9*
ESCRITURAS / *Escribe los versículos del devocional*

_____

_____

_____

_____

_____

_____

_____

_____

_____

_____

_____

_____

_____

_____

_____

OBSERVACIÓN / *Escribe 3 - 4 observaciones*

_____

_____

_____

_____

_____

_____

_____

_____

_____

APLICACIÓN / *Escribe por lo menos 1 - 2 aplicaciones*

_____

_____

_____

_____

_____

_____

_____

_____

_____

_____

_____

ORACIÓN / *Escribe una oración sobre lo que has aprendido y lo que Dios te ha revelado.*

_____

_____

_____

_____

_____

_____

_____

_____

_____

_____

_____

_____

_____

_____

_____

EOAO

Salmo 122:8–9

*"Por amor de mis hermanos y mis compañeros diré
yo: «¡La paz sea contigo!». Por amor a la casa
del Señor, nuestro Dios, buscaré tu bien."*

EN EL TEXTO

Una vez al año, el pueblo de Israel viajaba a Jerusalén para hacer sacrificios y adorar a Dios. Mientras lo hacían, recitaban y cantaban lo que ahora llamamos los Salmos de Ascenso o Cánticos Graduales (Salmo 120-134). Estas canciones recordaron a la gente la bondad de Dios, el esplendor de Su templo y la paz que tenían en Él.

El Salmo 122 es un llamado a la adoración. El pueblo cantaba mientras subía (literalmente subía, ya que Jerusalén está en la cima de una montaña) hasta el templo. Se recordaban unos a otros a dónde iban y por qué iban allí. Oraban por la paz en Jerusalén, por la prosperidad del pueblo de Dios y por la paz para el pueblo de Dios, aunque se encontraban dispersos por la región.

Al leer estas palabras hoy, podemos ver la conexión con las palabras de Isaías hablándole al pueblo de la gloria venidera de Jerusalén, cuando todos los pueblos juntos vendrán a adorar a Dios en Su montaña. Vivimos en el interín, en la espera, en la promesa que aún no se ha hecho realidad.

El Adviento es una temporada de espera. Sabemos que el niño Jesús ha venido a nosotros, que el Mesías ya ha vencido el pecado y la muerte. Pero esperamos Su regreso, Su segundo Adviento, cuando todo sea restaurado y hecho nuevo, y finalmente cuando todo el pueblo de Dios se reúna en Su templo y lo adore.

Mientras esperamos, podemos orar como lo hacía el pueblo de Israel cuando se dirigía al templo. Este salmo nos recuerda que hoy en día debemos orar por las distintas comunidades del pueblo de Dios. Nos levantamos unas a otras, orando por la prosperidad, la paz y la seguridad. Podemos descansar en Su paz sin importar lo que enfrentemos, sin importar lo que esté sucediendo a nuestro alrededor, porque Él cumplirá Su promesa. Él redimirá, restaurará y reparará todo lo que se ha perdido. Que tengamos paz mientras esperamos por Él.

ISAÍAS 11—12

Saldrá una vara del tronco de Isaí; un vástago retoñará de sus raíces 2 y reposará sobre él el espíritu del Señor: espíritu de sabiduría y de inteligencia, espíritu de consejo y de poder, espíritu de conocimiento y de temor del Señor. 3 Se inspirará en el respeto al Señor. No juzgará según lo que vean sus ojos, ni resolverá por lo que oigan sus oídos, 4 sino que juzgará con justicia a los pobres y resolverá con equidad a favor de los mansos de la tierra. Herirá la tierra con la vara de su boca y con el espíritu de sus labios matará al impío. 5 Y será la justicia cinto de sus caderas, y la fidelidad ceñirá su cintura. 6 Morará el lobo con el cordero, y el leopardo con el cabrito se echará en tierra; el becerro, el león y la bestia doméstica andarán juntos, y un niño los pastoreará. 7 La vaca pacerá junto a la osa, sus crías se echarán juntas; y el león, como el buey, comerá paja. 8 El niño de pecho jugará sobre la cueva de la cobra; el recién destetado extenderá su mano sobre la caverna de la víbora. 9 No harán mal ni dañarán en todo mi santo monte, porque la tierra será llena del conocimiento del Señor, como las aguas cubren el mar. 10 Acontecerá en aquel tiempo que la raíz de Isaí, se alzará como estandarte de los pueblos, a ella acudirán las naciones; y será gloriosa su morada. 11 Asimismo, acontecerá en aquel tiempo que el Señor alzará otra vez su mano para recobrar al resto de su pueblo que aún quede en Asiria, Egipto, Patros, Etiopía, Elam, Sinar y Hamat, y en las costas del mar. 12 Levantará bandera a las naciones, juntará los desterrados de Israel y desde los cuatro confines de la tierra reunirá a los esparcidos de Judá. 13 Se disipará la envidia de Efraín y los enemigos de Judá serán destruidos. Efraín no tendrá envidia de Judá, ni Judá afligirá a Efraín, 14 sino que se lanzarán contra los filisteos al occidente, y saquearán también a los de oriente. Edom y Moab les servirán, y los hijos de Amón les obedecerán. 15 Secará el Señor la lengua del mar de Egipto y levantará su mano con el poder de su aliento sobre el río; lo herirá en sus siete brazos y hará que pasen por él con sandalias. 16 Y habrá camino para el resto de su pueblo, el que quedó de Asiria, de la manera que lo hubo para Israel el día que subió de la tierra de Egipto. 1 En aquel día dirás: Cantaré a ti, Señor; pues aunque te enojaste contra mí, tu indignación se apartó y me has consolado. 2 Dios es mi salvación; me aseguraré y no temeré; porque mi fortaleza y mi canción es el Señor, él es quien ha sido salvación para mí. 3 Sacaréis con gozo aguas de las fuentes de la salvación. 4 Y diréis en aquel día: Cantad al Señor, aclamad su nombre, dad a conocer entre los pueblos sus obras, recordad que su nombre es engrandecido. 5 Cantad salmos al Señor, porque ha hecho cosas magníficas; sea sabido esto por toda la tierra. 6 Regocíjate y canta, moradora de Sion; porque grande es en medio de ti el Santo de Israel.

EOAO / *Isaías 11:10*
ESCRITURAS / *Escribe los versículos del devocional*

_____

_____

_____

_____

_____

_____

_____

_____

_____

_____

_____

_____

_____

_____

_____

_____

_____

OBSERVACIÓN / *Escribe 3 - 4 observaciones*

_____

_____

_____

_____

_____

_____

_____

_____

_____

APLICACIÓN / *Escribe por lo menos 1 - 2 aplicaciones*

ORACIÓN / *Escribe una oración sobre lo que has aprendido y lo que Dios te ha revelado.*

EOAO

Isaías 11:10

*"Acontecerá en aquel tiempo que la raíz de Isaí, se
alzará como estandarte de los pueblos, a ella acudirán
las naciones; y será gloriosa su morada."*

EN EL TEXTO

El mundo a menudo nos envía mensajes contradictorios, especialmente
durante la época navideña. A veces escuchamos: "Necesitas esto
nuevo para ser feliz". Otras veces el mundo nos dice que todo lo
que necesitamos es amor, pertenencia y un poco de "magia". Oímos
mensajes sobre ser agradecidas reconociendo todo lo bueno que nos
rodea, y que no debemos centrarnos en lo malo sino en lo positivo.

De hecho, tenemos mucho por lo que estar agradecidas. Aunque Dios
nos manda ser agradecidas, no nos exige que ignoremos el dolor y
la tristeza. Las Escrituras están llenas de recordatorios de nuestro
quebranto y de nuestra desesperada necesidad de un Salvador. A la
luz de esto, las palabras de Isaías deberían traernos consuelo y paz.

Puede que el quebrantamiento y la desesperación exista a nuestro
alrededor, pero nuestro Rey viene. No es retenido por los gobiernos,
pueblos, poderes u oscuridad. Es un Rey poderoso que se presenta
ante las naciones y gobierna con paz. Él será un gobernante justo, nos
dará una nueva naturaleza, y toda la tierra será Su hogar. Esperamos
desesperadamente Su llegada.

Nuestro Salvador, nuestro Rey, ha venido antes. Vino a la tierra
como un bebé, humillándose y sometiéndose a la forma humana,
muriendo en una cruz como sacrificio por los pecados del mundo.
Jesús no vino como rey, sino como siervo, y promete volver. En ese
momento, vendrá como Rey reinante. Él reparará las rupturas del
mundo, restaurará lo que se perdió y nos sanará en todos los sentidos.

Esta temporada navideña, mientras luchamos contra las mentiras del
mundo, recordemos lo que es verdad. No caigamos en el engaño de
que el mundo puede darnos lo que necesitamos: anhelamos lo que está
por venir. Anhelamos el regreso de nuestro Rey, el Santo de Israel. Él
establecerá la justicia, la paz y la alegría. Podemos regocijarnos en Su
venida mientras esperamos con gran expectación.

APOCALIPSIS 21—22

Entonces vi un cielo nuevo y una tierra nueva, porque el primer cielo y la primera tierra habían desaparecido, y el mar ya no existía más. 2 Y yo, Juan, vi la santa ciudad, la nueva Jerusalén, descender del cielo de parte de Dios preparada como una novia adornada para su esposo. 3 Y oí una gran voz del cielo, que decía: —Contemplad el tabernáculo que Dios ha establecido entre los seres humanos. Él vivirá con ellos, y ellos serán su pueblo; Dios mismo estará con ellos como su Dios. 4 Enjugará Dios toda lágrima de los ojos de ellos; y ya no habrá más muerte, ni habrá más llanto ni clamor ni dolor, porque las primeras cosas han dejado de existir. 5 El que estaba sentado en el trono dijo: —Yo hago nuevas todas las cosas. Y me dijo: —Escribe, porque estas palabras son fieles y verdaderas. 6 Y también me dijo: —Ya todo está hecho. Yo soy el Alfa y la Omega, el principio y el fin. Al que tiene sed, le daré a beber gratuitamente de la fuente del agua de vida. 7 El que salga vencedor heredará todas las cosas, y yo seré su Dios y él será mi hijo. 8 Pero los cobardes, los incrédulos, los abominables, los asesinos, los que cometen inmoralidades sexuales, los hechiceros, los idólatras y todos los mentirosos tendrán su parte en el lago que arde con fuego y azufre, que es la muerte segunda. 9 Entonces se me acercó uno de los siete ángeles que tenían las siete copas llenas de las siete últimas plagas y me dijo: «Ven, te presentaré a la novia, la esposa del Cordero». 10 Me llevó en el Espíritu a un monte grande y alto y me mostró la gran ciudad, la santa Jerusalén, que descendía del cielo enviada por Dios. 11 Tenía la gloria de Dios y su resplandor era semejante al de una piedra preciosísima, como piedra de jaspe, transparente como el cristal. 12 Tenía una muralla grande y alta. En ella había doce puertas protegidas por doce ángeles, en las que estaban grabados los nombres de las doce tribus de los hijos de Israel. 13 Tres puertas daban al oriente, tres puertas al norte, tres puertas al sur, y tres puertas al occidente. 14 La muralla de la ciudad tenía doce cimientos, en los que estaban escritos los nombres de los doce apóstoles del Cordero. 15 El que hablaba conmigo tenía una caña de oro para medir la ciudad, sus puertas y su muralla. 16 La ciudad era cuadrada, pues, medía lo mismo de largo que de ancho. Con la caña midió la ciudad, la cual tenía dos mil doscientos kilómetros: su longitud, su altura y su anchura eran iguales. 17 Y midió su muralla, la cual tenía sesenta y cinco metros, según las medidas humanas que el ángel usaba. 18 El material de su muralla era de jaspe, pero la ciudad era de oro puro, semejante al cristal pulido. 19 Los cimientos de la muralla de la ciudad estaban adornados con toda clase de piedras preciosas. El primer cimiento era de jaspe, el segundo, de zafiro; el tercero, de ágata; el cuarto, de esmeralda; 20 el quinto, de ónice; el sexto, de cornalina; el séptimo, de crisólito; el octavo, de berilo; el noveno, de topacio; el décimo, de crisoprasa; el undécimo, de jacinto, y el duodécimo, de amatista. 21 Las doce puertas eran doce perlas: cada una de las puertas estaba hecha de una sola perla. Y la calle de la ciudad era de oro puro, transparente como el cristal. 22 En ella no vi ningún templo, porque el Señor Dios Todopoderoso y el Cordero son su templo. 23 La ciudad no tiene necesidad de sol ni de luna que brillen en ella, porque la gloria de Dios la ilumina y el Cordero es su lumbrera. 24 Las naciones que hayan sido salvas andarán a la luz de ella, y los reyes de la tierra le entregarán su gloria y su honor. 25 Sus puertas nunca se cerrarán de día, pues allí no habrá noche. 26 La gloria y el honor de las naciones serán llevadas a ella. 27 No entrará en ella nada impuro, ni ningún idólatra, ni ningún mentiroso; solo entrarán los que están inscritos en el libro de la vida del Cordero. 1 Después el ángel me mostró un río limpio, de agua de vida, resplandeciente como cristal, que fluía del trono de Dios y del Cordero. 2 En medio de la calle de la ciudad, y a uno y otro lado del río, estaba el árbol de la vida, que produce doce frutos al año, uno por mes. Las hojas del árbol eran para la sanidad de las naciones. 3 Y no habrá más maldición. El trono de Dios y del Cordero estará en medio de la ciudad, sus siervos lo adorarán, 4 verán su rostro y llevarán su nombre en sus frentes. 5 Allí no habrá más noche; y no tienen necesidad de luz de lámpara ni de luz del sol, porque Dios el Señor los iluminará, y reinarán para siempre jamás. 6 Me dijo: —Estas palabras son fieles y verdaderas. El Señor, el Dios de los espíritus de los profetas, ha enviado a su ángel para mostrar a sus siervos lo que va a suceder pronto. 7 ¡Vengo pronto! Dichoso el que guarda las palabras de la profecía de este libro. 8 Yo, Juan, soy el que oyó y vio estas cosas. Después que las hube oído y visto, me postré a los pies del ángel que me mostraba estas cosas, para adorarlo. 9 Pero él me dijo: —¡No lo hagas!, pues yo soy consiervo tuyo y de tus hermanos los profetas, y de los que obedecen las palabras de este libro. ¡Adora a Dios! 10 Y me dijo: —No selles las palabras de la profecía de este libro, porque el tiempo está cerca. 11 El que es injusto, que siga siendo injusto; el que es impuro, que siga siendo impuro; el que es justo, que siga practicando la justicia, y el que es santo, que se siga santificando. 12 ¡Vengo pronto! Traigo mi galardón conmigo, para recompensar a cada uno según lo que haya hecho. 13 Yo soy el Alfa y la Omega, el principio y el fin, el primero y el último. 14 Dichosos los que guardan sus mandamientos para tener derecho al árbol de la vida y para entrar en la ciudad por sus puertas. 15 Pero afuera se quedarán los perros, los hechiceros, los que cometen inmoralidades sexuales, los asesinos, los idólatras y todo aquel que ama y practica la mentira. 16 Yo, Jesús, he enviado a mi ángel para daros testimonio de estas cosas en las iglesias. Yo soy la raíz y el linaje de David, la estrella resplandeciente de la mañana. 17 El Espíritu y la Esposa dicen: —¡Ven! El que oye, diga: —¡Ven! Y el que tenga sed, que venga; y el que quiera, venga y tome gratuitamente del agua de la vida. 18 Yo advierto a todo aquel que oye las palabras de la profecía de este libro: Si alguno le añade algo, Dios traerá sobre él las plagas que están escritas en este libro. 19 Y si alguno quita alguna de las palabras del libro de esta profecía, Dios quitará su parte del libro de la vida y de la santa ciudad, y de las cosas que están escritas en este libro. 20 El que da testimonio de estas cosas dice: —Ciertamente vengo pronto. ¡Amén! ¡Ven, Señor Jesús! 21 Que la gracia de nuestro Señor Jesucristo sea con todos vosotros. Amén.

EOAO / *Apocalipsis 22:13*
ESCRITURAS / *Escribe los versículos del devocional*

_____

_____

_____

_____

_____

_____

_____

_____

_____

_____

_____

_____

_____

_____

_____

_____

OBSERVACIÓN / *Escribe 3 - 4 observaciones*

_____

_____

_____

_____

_____

_____

_____

_____

APLICACIÓN / *Escribe por lo menos 1 - 2 aplicaciones*

_____

_____

_____

_____

_____

_____

_____

_____

_____

_____

_____

_____

ORACIÓN / *Escribe una oración sobre lo que has aprendido y lo que Dios te ha revelado.*

_____

_____

_____

_____

_____

_____

_____

_____

_____

_____

_____

_____

_____

_____

_____

EOAO

Apocalipsis 22:13

*¡Yo soy el Alfa y la Omega, el principio y
el fin, el primero y el último!*

EN EL TEXTO

Los últimos capítulos del libro de Apocalipsis revelan la gloria de la
nueva Jerusalén, el lugar donde Dios habitará con Su pueblo cuando
Cristo vuelva para gobernar en la tierra. Al reflexionar esta semana
sobre Su regreso y las promesas que se cumplirán en Él, la ciudad santa
redimida ocupa un lugar destacado. A lo largo de las Escrituras, Dios
hizo continuamente promesas a Su pueblo de que algún día morarían
con Él y verían restaurada la gloria de Jerusalén. Esta es la restauración.

El esplendor de esta ciudad no proviene de las calles y murallas de
oro puro, de las piedras preciosas de sus cimientos o del tamaño de
sus puertas. La gloria de la nueva Jerusalén viene del Cordero. No
habrá templo en la nueva Jerusalén porque el Señor Dios y el Cordero
morarán allí. No hay necesidad de luz porque la gloria del Cordero
será su luz.

Esto es lo que tenemos que esperar; ¡esto es lo que anhelamos! Los
anhelos que experimentamos en la vida y las pérdidas que enfrentamos
nos recuerdan que este no es nuestro hogar. La temporada de Adviento
es cuando nos tomamos el tiempo para re-enfocar nuestros corazones.
Aunque ahora nos enfrentemos a la pérdida, la muerte, la pena, la
desesperación, la soledad, el dolor y la tristeza, recordamos lo que
viene en el futuro: una vida en la nueva Jerusalén con nuestro Señor.
Podemos aferrarnos a Su promesa de vida eterna con Él.

Jesús es el único en quien podemos confiar. Cuando la vida es dura,
cuando la gente nos lastima, cuando las naciones se desmoronan,
nuestra esperanza no flaquea porque está anclada en Él. Él es el Primero
y el Último. Él es el Principio y el Fin. Él lo ve todo, lo conoce todo y
es soberano sobre todo.

La vida en esta tierra siempre es dura. Pero lo especial de esta
temporada es cómo nos recordamos unas a otras quién regresará pronto:
Jesucristo. Al entrar en esta temporada de Adviento, recordemos la
verdadera esperanza que tenemos. El mundo está quebrantado a causa
del pecado, pero hay redención —redención completa y eterna— en
nuestro Salvador Jesucristo.

LUCAS 21:25-36

5 Entonces habrá señales en el sol, en la luna y en las estrellas. La angustia sobrecogerá a las naciones y estarán sumidas en perplejidad a causa del bramido del mar y de las olas. 26 Los hombres se desmayarán de miedo y ansiedad por todo lo que se les viene encima, pues hasta los poderes celestes se estremecerán. 27 Entonces se verá llegar al Hijo del Hombre en una nube con gran poder y gloria. 28 Cuando estas cosas comiencen a suceder, erguíos y levantad vuestra cabeza porque vuestra redención está cerca. 29 También les contó una parábola: —Mirad la higuera y todos los árboles. 30 Cuando veis que brotan, sabéis vosotros mismos que el verano está cerca. 31 Así también, cuando veáis que suceden estas cosas, sabed que el reino de Dios se acerca. 32 Os aseguro que no pasará esta generación sin que todo esto acontezca. 33 El cielo y la tierra pasarán, pero mis palabras no pasarán. 34 Evitad también que vuestros corazones se carguen de glotonería, de embriaguez y de las preocupaciones de esta vida, y por sorpresa venga sobre vosotros aquel día. 35 Porque como un lazo caerá sobre todos los que habitan sobre la faz de la tierra. 36 Vigilad, pues, orando en todo tiempo para que consigáis escapar de lo que va a suceder y podáis manteneros en pie delante del Hijo del Hombre.

EOAO / *Lucas 21:27–28*
ESCRITURAS / *Escribe los versículos del devocional*

_____

_____

_____

_____

_____

_____

_____

_____

_____

_____

_____

_____

_____

_____

_____

_____

_____

OBSERVACIÓN / *Escribe 3 - 4 observaciones*

_____

_____

_____

_____

_____

_____

_____

_____

APLICACIÓN / *Escribe por lo menos 1 - 2 aplicaciones*

_____

_____

_____

_____

_____

_____

_____

_____

_____

_____

_____

_____

ORACIÓN / *Escribe una oración sobre lo que has aprendido y lo que Dios te ha revelado.*

_____

_____

_____

_____

_____

_____

_____

_____

_____

_____

_____

_____

_____

_____

_____

_____

EOAO

Lucas 21:27–28

"Entonces se verá llegar al Hijo del Hombre en una nube con gran poder y gloria. Cuando estas cosas comiencen a suceder, erguíos y levantad vuestra cabeza porque vuestra redención está cerca."

EN EL TEXTO

Antes de Su muerte, Jesús habló de Su regreso. Hizo saber a Sus seguidores que aunque dejaría esta tierra por un tiempo, regresaría con poder y gran gloria. Explicó algunas de las señales que sucederían antes de Su regreso, alertando a Su pueblo sobre ellos para que estuviera expectante de Su venida.

Durante la temporada navideña, nos centramos en el nacimiento de Cristo, que fue Su primera venida. Él ha venido y nos ha librado del pecado y de la muerte. Pero lo que el Adviento nos recuerda, año tras año, es que todavía seguimos viviendo en el quebrantamiento y anhelamos Su Segunda Venida. Es este anhelo que recordamos durante el Adviento mientras esperamos Su regreso.

El día de nuestra redención se acerca. El Adviento es la temporada de esperar intencionalmente mientras ralentizamos nuestras vidas, nuestros corazones y nuestros horarios para reajustar y recordar lo que realmente estamos esperando. El mundo nos dice que necesitamos asistir a fiestas, comprar regalos, experimentar todas las atracciones de temporada y usar todos los suéteres coloridos navideños. ¡Lo que Jesús nos dice es que debemos vigilar, reservar tiempo para orar y estar preparadas!

Jesús les dijo a Sus discípulos que no permitieran que sus corazones estuvieran tan agobiados por las preocupaciones de la vida ya que Su regreso será una sorpresa. Por el contrario, debemos volver continuamente nuestros ojos y corazones hacia Él, manteniéndonos alertas y preparadas para Su regreso. Debemos vivir con gran propósito, como una luz en nuestro mundo oscuro. Eso puede significar decir "no" a algunas fiestas, actividades o regalos. Puede significar dejar nuestras expectativas y rendirnos a la voluntad de Dios. Puede significar despertarnos temprano para pasar tiempo a solas con Jesús y dejar que Él llene nuestros corazones anhelantes con Su amor y vida. Sea lo que sea, podemos saber que vale la pena. Que vivamos expectantes y fieles, siempre preparadas para Su regreso.

1. *Aunque Dios prometió juzgar a Su pueblo por su pecado, les ofreció tener una visión de la futura gloria de Jerusalén. ¿Qué te muestra esto sobre Su carácter? ¿Qué significa esto para nosotras, en nuestra época de espera?*

....

....

....

2. *¿Cómo oras hoy por la paz, la prosperidad y la seguridad del pueblo de Dios? ¿Cómo oras de manera intencional por la comunidad local de hermanos en la fe? ¿Cómo oras por la comunidad global de hermanos en la fe?*

....

....

....

3. *¿Qué cosas se celebran acorde a tus tradiciones culturales en Navidad? ¿Coinciden estas cosas con lo que enseñan las Escrituras?*

....

....

....

4. *¿Qué anhelas en esta época de tu vida? ¿Cómo te anima el adviento a volver a centrar tu corazón en las promesas de Dios?*

....

....

....

5. *¿Cómo te preparas desde hoy para el regreso de Cristo? ¿Cómo establecerás límites o defensas para que prime la paz de Cristo por encima del ajetreo y la urgencia que el mundo vive en esta temporada?*

....

....

....

Porque en esperanza
somos salvados;
pero la esperanza
que se ve, ya no es
esperanza; porque lo
que uno ve ya no lo
espera. Sin embargo,
si lo que esperamos
es algo que todavía
no vemos, entonces
lo esperamos con
paciencia.

Romanos 8:24–25

Escribe tu oración y tus
agradecimientos de la semana.

....

....

....

....

....

....

....

....

....

....

....

....

DESAFÍO DE LA SEMANA

Esta semana, reflexionaremos sobre quienes se encuentran quebrantados por las situaciones del
mundo y la esperanza que tenemos aquellas que creemos en Cristo. La temporada de adviento tiene
la intención de recordarnos ese quebrantamiento y la realidad de que todavía estamos esperando la
plenitud y la redención completa en Cristo. A medida que avanzas en tu semana, toma nota de las
cosas en tu vida que están rotas. Recuérdate a ti misma la verdad de la promesa de Dios, la promesa
de que Él vendrá y redimirá todo en Su tiempo perfecto.

....

....

....

....

....

....

HABACUC 1:1-4

Profecía que el profeta Habacuc recibió en una visión 2 ¿Hasta cuándo, Señor, gritaré sin que tú escuches, y clamaré a causa de la violencia sin que tú salves? 3 ¿Por qué me haces ver iniquidad y haces que contemple tanta maldad? Ante mí solo hay destrucción y violencia; pleito y contienda se levantan. 4 Por eso la ley se debilita y el juicio no se ajusta a la verdad; el impío asedia al justo, y así se tuerce la justicia.

EOAO

EOAO / *Habacuc 1:2–4*
ESCRITURAS / *Escribe los versículos del devocional*

_____

_____

_____

_____

_____

_____

_____

_____

_____

_____

_____

_____

_____

_____

_____

_____

_____

OBSERVACIÓN / *Escribe 3 - 4 observaciones*

_____

_____

_____

_____

_____

_____

_____

_____

_____

APLICACIÓN / *Escribe por lo menos 1 - 2 aplicaciones*

_____

_____

_____

_____

_____

_____

_____

_____

_____

_____

_____

ORACIÓN / *Escribe una oración sobre lo que has aprendido y lo que Dios te ha revelado.*

_____

_____

_____

_____

_____

_____

_____

_____

_____

_____

_____

_____

_____

_____

_____

_____

EOAO

Habacuc 1:2–4

"¿Hasta cuándo, Señor, gritaré sin que tú escuches, y clamaré a causa de la violencia sin que tú salves? ¿Por qué me haces ver iniquidad y haces que contemple tanta maldad? Ante mí solo hay destrucción y violencia; pleito y contienda se levantan. Por eso la ley se debilita y el juicio no se ajusta a la verdad; el impío asedia al justo, y así se tuerce la justicia."

EN EL TEXTO

La semana pasada, estuvimos enfocadas en La Paz venidera y en la liberación de Dios. A medida que avanzamos hacia la segunda semana de Adviento, nuestra atención se desplaza hacia la realidad del deterioro del mundo. Es tentador ignorar el mal que nos rodea manteniéndonos ocupadas o distraídas. Especialmente durante la temporada de Adviento, podemos sentir la presión de actuar como si estuviéramos constantemente felices, satisfechas, alentadas y alegres.

La belleza de nuestra fe en Cristo es que podemos vivir simultáneamente en ambas cosas; podemos aceptar nuestro dolor y el derrumbe que nos rodea y, sin embargo, estar alegres porque sabemos lo que es y lo que está por venir. Cuando reconocemos y aceptamos el deterioro de nuestro mundo, estamos más preparadas para reconocer la seriedad de lo que Cristo ha hecho por nosotras.

Habacuc fue un profeta en Israel. Presentó sus preguntas honestas a Dios, queriendo saber lo que Dios estaba haciendo y por qué. Estaba abrumado por el mal que lo rodeaba, y quería que Dios interviniera. Habacuc clamó a Dios por ayuda, preguntándole por qué había tanta injusticia y destrucción a su alrededor. Sabía que la única persona a la que podía acudir en busca de ayuda era el Señor.

El Adviento puede ser una temporada dolorosa para muchas de nosotras. Aunque hagamos todo lo posible para actuar con alegría, también puede ser un recordatorio de la pérdida, el anhelo insatisfecho y el dolor. Las palabras de Habacuc nos recuerdan que, independientemente de lo que afrontemos, de lo que creamos que es la forma adecuada de responder o comportarse, podemos llevar nuestras preguntas sinceras a Dios. Él conoce nuestros pensamientos, dudas y preguntas; no se escandalizará por nada que le digamos. Dios quiere que le abramos nuestro corazón para que pueda encontrarnos en nuestro dolor.

Este tiempo de Adviento, recordemos la profundidad de nuestro quebrantamiento, no para que nos detengamos en el dolor o la tristeza, sino para que recordemos a nuestro redentor venidero. Cuando Cristo vino a la tierra, nos salvó del pecado y de la muerte. Cuando regrese, liberará al mundo de la violencia, la injusticia, la maldad, la destrucción, el conflicto, la lucha, y de la perversión. Él reinará con poder y justicia. Lo esperaremos fielmente.

SALMOS 13

1 ¿Hasta cuándo, Señor? ¿Me olvidarás para siempre? ¿Hasta cuándo esconderás tu rostro de mí? 2 ¿Hasta cuándo tendré conflictos en mi alma, con angustias en mi corazón cada día? ¿Hasta cuándo va a triunfar mi enemigo? 3 Mira, respóndeme, Señor, Dios mío; alumbra mis ojos, para no caer en el sueño de la muerte, 4 para que no diga mi enemigo: «Le he vencido». Mis enemigos se alegrarán si yo resbalo. 5 Mas yo en tu misericordia he confiado; mi corazón se alegrará en tu salvación. 6 Cantaré al Señor porque me ha hecho bien.

EOAO / *Salmos 13:5–6*
ESCRITURAS / *Escribe los versículos del devocional*

_____

_____

_____

_____

_____

_____

_____

_____

_____

_____

_____

_____

_____

_____

_____

_____

_____

OBSERVACIÓN / *Escribe 3 - 4 observaciones*

_____

_____

_____

_____

_____

_____

_____

_____

_____

APLICACIÓN / *Escribe por lo menos 1 - 2 aplicaciones*

_____

_____

_____

_____

_____

_____

_____

_____

_____

_____

_____

_____

_____

ORACIÓN / *Escribe una oración sobre lo que has aprendido y lo que Dios te ha revelado.*

_____

_____

_____

_____

_____

_____

_____

_____

_____

_____

_____

_____

_____

_____

_____

_____

E O A O

Salmos 13:5–6

"Mas yo en tu misericordia he confiado; mi corazón se alegrará en tu salvación. Cantaré al Señor porque me ha hecho bien."

EN EL TEXTO

David, el autor del Salmo 13, compartió su dolor. Al igual que Habacuc, no rehuyó de sus profundos sentimientos cuando hablaba con Dios. David se sentía ignorado por Dios, como si Dios se hubiera negado a escuchar sus oraciones y gritos de ayuda. Sentía que Dios lo había dejado solo para preocuparse y sufrir, con sus enemigos regodeándose en él. Clamó a Dios, rogándole que lo mirara y respondiera.

Esta oración honesta nos muestra la calidad de la fe de David. David se dirigió a Dios en su dolor, esperando una respuesta y recordando la fidelidad de Dios. David anhelaba ver la liberación del Señor, y prometió regocijarse y alabarlo cuando fuera restaurado.

¿A qué te enfrentas en esta temporada? ¿Te sientes abandonada o ignorada por Dios? ¿Te encuentras en una temporada de regocijo y alabanza a Dios por Su fidelidad? O, tal vez, estás enfrentando ambas cosas. Tal vez sientes pérdida y dolor, pero también puedes reconocer la provisión, la sabiduría, la protección y el cuidado de Dios.

El Adviento es una temporada de recuerdo y de espera. Durante el Adviento, recordamos las promesas de Dios: Él prometió enviar un libertador para salvar a Su pueblo del pecado y la muerte, y prometió regresar para restaurar el mundo y reinar como Rey. Nosotras esperamos que Dios cumpla Su promesa: Él fue fiel en el pasado y cumplió Su promesa de enviar a un Mesías, y Él será fiel en el futuro cuando Jesús regrese.

Nuestro Dios es fiel. Nada pasa desapercibido para Él. No importa el dolor que sintamos o la alabanza que proclamemos, Él siempre está con nosotras. Cuando el pueblo de Dios esperaba al Mesías, Dios guardó silencio durante cuatrocientos años. El pueblo se sintió ignorado por Dios, incluso olvidado. Pero Él estaba llevando a cabo Su plan perfecto en Su tiempo perfecto. Él no te está ignorando. Él no te está negando nada. Él está trabajando en formas que tú no puedes ver o entender, incluso ahora, en tu situación presente. Y más que eso, Él está trabajando de maneras increíbles e invisibles para llevar a cabo Sus propósitos para el momento perfecto cuando Jesucristo regrese. ¡Nosotras podemos confiar en Él!

SALMOS 94

1 ¡Señor, Dios de las venganzas, Dios de las venganzas, muéstrate! 2 ¡Engrandécete, Juez de la tierra; da el pago a los soberbios! 3 ¿Hasta cuándo los impíos, hasta cuándo, Señor, se gozarán los impíos? 4 ¿Hasta cuándo pronunciarán, hablarán cosas duras, y se vanagloriarán todos los que hacen maldad? 5 A tu pueblo, Señor, quebrantan y a tu heredad afligen. 6 A la viuda y al extranjero matan, y a los huérfanos quitan la vida. 7 Y dijeron: «No verá el Señor, no lo sabrá el Dios de Jacob». 8 ¡Entended, necios del pueblo! Y vosotros, insensatos, ¿cuándo seréis sabios? 9 El que hizo el oído, ¿no oirá? El que formó el ojo, ¿no verá? 10 El que castiga a las naciones, ¿no reprenderá? ¿No sabrá el que enseña al hombre la ciencia? 11 El Señor conoce los pensamientos humanos, y sabe que son vanidad. 12 Dichoso aquel a quien tú, Señor, corriges, y en tu ley lo instruyes 13 para hacerlo descansar en los días de aflicción, en tanto que para el impío se cava el hoyo. 14 No abandonará el Señor a su pueblo ni desamparará a su heredad, 15 sino que el juicio será vuelto a la justicia y tras ella irán todos los rectos de corazón. 16 ¿Quién se levantará por mí contra los malignos? ¿Quién estará por mí contra los que hacen maldad? 17 Si no me ayudara el Señor, pronto moraría mi alma en el silencio. 18 Cuando yo decía: «Mi pie resbala», tu misericordia, Señor, me sostenía. 19 En la multitud de mis pensamientos íntimos, tus consolaciones alegraban mi alma. 20 ¿Se juntará contigo el trono de la maldad que hace el agravio en forma de ley? 21 Se juntan contra la vida del justo y condenan la sangre inocente. 22 Pero el Señor me ha sido por refugio y mi Dios por roca de mi confianza. 23 Él hará volver sobre ellos su maldad y los destruirá en su propia malicia. Los destruirá el Señor, nuestro Dios.

EOAO / *Salmos 94:14–15*
ESCRITURAS / *Escribe los versículos del devocional*

_____

_____

_____

_____

_____

_____

_____

_____

_____

_____

_____

_____

_____

_____

_____

_____

OBSERVACIÓN / *Escribe 3 - 4 observaciones*

_____

_____

_____

_____

_____

_____

_____

_____

_____

APLICACIÓN / *Escribe por lo menos 1 - 2 aplicaciones*

_____
_____
_____
_____
_____
_____
_____
_____
_____
_____
_____
_____
_____

ORACIÓN / *Escribe una oración sobre lo que has aprendido y lo que Dios te ha revelado.*

_____
_____
_____
_____
_____
_____
_____
_____
_____
_____
_____
_____
_____
_____
_____
_____
_____
_____

EOAO

Salmos 94:14–15

*"No abandonará el Señor a su pueblo ni desamparará a
su heredad, sino que el juicio será vuelto a la justicia
y tras ella irán todos los rectos de corazón."*

EN EL TEXTO

El Salmo 94 presenta a Dios como el juez y vengador de la tierra. Él es
presentado como aquel que destruye a los malvados por toda la destrucción
que han causado y el que salva a los justos de los que están en su contra.
En el primer siglo antes de Cristo, el pueblo de Dios estaba esperando que
el Mesías viniera como juez. Esperaban que su redentor viniera a la tierra
y reinara como rey, destruyendo a los malvados y restaurando Jerusalén.
Pero vino como siervo. Él vino a predicar las Buenas Nuevas y traer a
muchos a Sí mismo, a morir en sacrificio para que Su pueblo pudiera estar
libre del pecado y de la muerte. Todavía no había venido a juzgar.

Cuando Cristo regrese, Él vendrá como el juez de la tierra. Nosotras
esperamos con expectación a la llegada de nuestro juez y vengador. El
Adviento nos recuerda a nosotras que debemos esperarlo. Los judíos del
primer siglo antes de Cristo esperaban a su Mesías, su rey. Él vino primero
para salvar al mundo del pecado. El nos dio justicia al morir en nuestro
lugar. Administró venganza contra el poder de la muerte, destruyéndola
de una vez por todas. Cristo hizo más de lo que los judíos esperaban, pero
no exactamente lo que esperaban o cuando lo esperaban.

Lo que deseamos puede ser bueno, ya sea la desaparición del mal, la paz
en nuestras naciones, la restauración de nuestras relaciones o la curación
de nuestros cuerpos. Sin embargo, puede que lo que deseamos no sea
en su momento perfecto. Podemos sentir que Dios no ve la maldad o el
dolor a nuestro alrededor. Él nos ve hoy al igual que vio la opresión que
enfrentaron los judíos en el primer siglo antes de Cristo. Ten por seguro
que Dios está trabajando en nuestras situaciones.

El salmista nos recuerda que Dios es el que nos da el conocimiento de lo
que es justo. No reconoceríamos la injusticia si no fuera por la sabiduría
que Él nos da. Si Dios nos revela qué es la injusticia, ¿no podemos confiar
en que Él, siendo perfectamente justo, también la tratará correctamente?
Dios no nos abandona ni abandona a Su pueblo. Dios interviene por Su
pueblo. Dios ayuda. Dios calma nuestra preocupación. Dios nos protege
y nos da refugio. Él destruye a los malvados. Confiemos en el tiempo, en
la justicia y en el poder de nuestro Dios y esperémosle con expectación.

ISAÍAS 40:1-11

¡Consolad, consolad a mi pueblo!, dice vuestro Dios. 2 Hablad al corazón de Jerusalén; decidle a voces que su tiempo se ha cumplido ya, que su pecado está perdonado, que ya ha recibido de manos del Señor el doble por todos sus pecados. 3 Voz de uno que clama en el desierto: «¡Preparad un camino al Señor; nivelad una calzada en la estepa a nuestro Dios! 4 ¡Todo valle sea alzado y bájese todo monte y collado! ¡Que lo torcido se enderece y lo áspero se allane! 5 Entonces se manifestará la gloria del Señor y toda la humanidad la verá, porque la boca del Señor ha hablado». 6 Voz que decía: «¡Da voces!». Y yo respondí: «¿Qué tengo que decir a voces?». «Que toda carne es hierba y toda su gloria como la flor del campo. 7 La hierba se seca y la flor se marchita, porque el viento del Señor sopla en ella. ¡Ciertamente, como hierba es el pueblo! 8 La hierba se seca y se marchita la flor, mas la palabra de nuestro Dios permanece para siempre». 9 Súbete sobre un monte alto, mensajera de Sion; levanta con fuerza tu voz, mensajera de Jerusalén. ¡Levántala sin temor! Di a las ciudades de Judá: «¡Ved aquí a vuestro Dios!». 10 El Señor vendrá con poder, y su brazo dominará; su recompensa viene con él y su recompensa lo precede. 11 Como pastor apacentará su rebaño. En su brazo llevará los corderos, junto a su pecho los llevará; y pastoreará con ternura a las recién paridas.

EOAO / *Isaias 40:10–11*
ESCRITURAS / *Escribe los versículos del devocional*

_____

_____

_____

_____

_____

_____

_____

_____

_____

_____

_____

_____

_____

_____

_____

_____

_____

OBSERVACIÓN / *Escribe 3 - 4 observaciones*

_____

_____

_____

_____

_____

_____

_____

_____

_____

_____

APLICACIÓN / *Escribe por lo menos 1 - 2 aplicaciones*

_____

_____

_____

_____

_____

_____

_____

_____

_____

_____

_____

ORACIÓN / *Escribe una oración sobre lo que has aprendido y lo que Dios te ha revelado.*

_____

_____

_____

_____

_____

_____

_____

_____

_____

_____

_____

_____

_____

_____

_____

_____

EOAO

Isaías 40:10–11

"El Señor vendrá con poder, y su brazo dominará; su recompensa viene con él y su recompensa lo precede. Como pastor apacentará su rebaño. En su brazo llevará los corderos, junto a su pecho los llevará; y pastoreará con ternura a las recién paridas."

EN EL TEXTO

Esta semana, hemos dedicado tiempo a reflexionar sobre el deterioro del mundo. Hacerlo ha abierto nuestros ojos para ver nuestra necesidad de Dios. Nos ha ayudado a recordar Su fidelidad en el pasado y esperar con expectación lo que Él hará en el futuro. Isaías 40 nos dice cómo será el regreso de nuestro Señor.

Viene como un guerrero victorioso, mostrando Su poder y estableciendo Su reino. Viene con gran expectación, con Su pueblo proclamando Su llegada. Su regreso es un consuelo para Su pueblo, que inaugura la paz y la justicia bajo Su reinado. Él lucha por Su pueblo, destruyendo a los malvados y recompensando a los justos.

Nuestro gran Dios, nuestro Rey Todopoderoso regresará. Cuando lo haga, Él dará a conocer Su poder y majestad al mundo. Él traerá juicio al mundo del pecado, y también consolará a Su pueblo y los restaurará a Sí mismo después de que se hayan arrepentido. Isaías nos recuerda que somos como las flores y la hierba que se secan y se marchitan, pero Su Palabra es siempre confiable. Lo que Él promete es inmutable, al igual que Él mismo.

Él no solo es un poderoso guerrero, sino que también es un buen pastor. Como un pastor conoce a sus ovejas, nuestro Dios nos conoce íntimamente. Él ve nuestro dolor, conoce nuestras luchas y nos mantiene alejadas del daño. Él nos lleva en Sus brazos. Cuida a cada una de nosotras íntimamente como Sus hijas. Él conoce a Su rebaño, cuida de Sus corderos y los lleva consigo.

El Adviento es un tiempo para ir más despacio y para decir "no" a lo que el mundo dice que debería ser esta temporada. El Adviento es un tiempo para recordar a nuestro Rey venidero, nuestro Buen Pastor, nuestro Salvador y nuestro Redentor. Proclamemos Su venida con nuestras palabras y nuestras vidas esta temporada.

ROMANOS 8:18-25

Pues estoy convencido de que lo que padecemos en este tiempo no es comparable con la gloria venidera que se ha de manifestar en nosotros. 19 Porque la creación espera con impaciencia la manifestación de los hijos de Dios. 20 La creación fue sometida al fracaso, no por su propia voluntad, sino porque alguien la sometió, pero con la esperanza 21 de que también la creación misma sería liberada de la esclavitud de la corrupción a la libertad gloriosa de los hijos de Dios. 22 Porque sabemos que hasta ahora toda la creación gime con dolores de parto. 23 Y no solo ella, sino que también nosotros mismos, que tenemos las primicias del Espíritu, nosotros también gemimos dentro de nosotros mismos, mientras esperamos la adopción, la redención de nuestro cuerpo. 24 Porque en esperanza somos salvados; pero la esperanza que se ve, ya no es esperanza; porque lo que uno ve ya no lo espera. 25 Sin embargo, si lo que esperamos es algo que todavía no vemos, entonces lo esperamos con paciencia.

EOAO / *Romanos 8:24–25*
ESCRITURAS / *Escribe los versículos del devocional*

_____

_____

_____

_____

_____

_____

_____

_____

_____

_____

_____

_____

_____

_____

_____

_____

OBSERVACIÓN / *Escribe 3 - 4 observaciones*

_____

_____

_____

_____

_____

_____

_____

_____

_____

APLICACIÓN / *Escribe por lo menos 1 - 2 aplicaciones*

_____

_____

_____

_____

_____

_____

_____

_____

_____

_____

_____

_____

ORACIÓN / *Escribe una oración sobre lo que has aprendido y lo que Dios te ha revelado.*

_____

_____

_____

_____

_____

_____

_____

_____

_____

_____

_____

_____

_____

_____

_____

EOAO

Romanos 8:24–25

"Porque en esperanza somos salvados; pero la esperanza que se ve, ya no es esperanza; porque lo que uno ve ya no lo espera. Sin embargo, si lo que esperamos es algo que todavía no vemos, entonces lo esperamos con paciencia."

EN EL TEXTO

El sufrimiento que experimentamos en este mundo es el resultado del pecado. Nuestro sufrimiento personal puede no ser el resultado del pecado, pero la razón del deterioro, el dolor, la esclavitud y la decadencia proviene del pecado. La creación incluso sufre bajo el peso del pecado. Nuestro mundo clama, gime, esperando libertad y redención. Lamentamos el pecado y el sufrimiento en nuestro mundo y reconocemos y nos arrepentimos de nuestra parte en él. Pero una vez que lo hacemos, podemos ejercer una gran esperanza, creyendo que vale la pena esperar lo que está por venir.

Estamos esperando la redención. Y cuando estamos en Cristo, tenemos el don de la esperanza en lo que está por venir. Él ha prometido una redención gloriosa, tanto la redención física como la espiritual de nuestros cuerpos, pero aún está por venir. Vivimos en la tensión de saber lo prometido y esperar su llegada. Vivimos en el "ya pero todavía no".

Mientras esperamos, nos aferramos a la esperanza: la esperanza de una redención completa a través de la obra de Jesucristo. En medio de la esclavitud, nos aferramos a esta esperanza. En medio de la decadencia, nos aferramos a esta esperanza. A medida que nuestros cuerpos se deterioran, nuestras mentes cambian, nuestros seres queridos mueren o nuestros gobiernos se desmoronan; aun así, nos aferramos a esta esperanza. Porque en esta esperanza somos salvas. Cuando nuestra esperanza está en la obra de Cristo, en Su sacrificio, resurrección y regreso, somos salvas.

El propósito del Adviento es este: recordarnos nuestro sufrimiento actual y la gran esperanza que tenemos. Esta esperanza es lo que nos permite continuar. Sin la esperanza de que algún día experimentaremos la gloria de Cristo y nuestra redención completa, no tenemos ninguna razón para confiar en Él. Nuestra elección activa de aferrarnos diariamente a Sus promesas es lo que aumenta nuestra esperanza.

A medida que soportamos el sufrimiento de este mundo, crecemos en nuestra resistencia. Esta resistencia solo aumenta nuestra esperanza y convicción de quien está por venir: Cristo nuestro Rey. Aunque no lo vemos, tenemos esperanza en nuestra salvación y redención. Resistamos y esperémoslo ansiosamente.

1. *¿Cuáles son algunas de las preguntas que quieres hacerle a Dios hoy? Dedica un tiempo a compartir honestamente tu corazón con Él.*

....
....
....

2. *¿Qué necesitas recordar en esta temporada en la que te encuentras? ¿Qué esperas de Dios?*

....
....
....

3. *¿Cómo manejas "la espera" en Dios? ¿Eres impaciente y haces todo lo posible para "ayudar" a Dios? ¿Cómo te ayuda el Salmo 94 mientras esperas en Él?*

....
....
....

4. *Reflexiona sobre las cualidades del carácter de Dios. ¿Qué te ministra más en esta temporada, saber que Él es un guerrero poderoso o un pastor bondadoso?*

....
....
....

5. *No podemos esperar lo que vemos: ¿por qué? ¿Cómo estás soportando y teniendo esperanza en esta temporada? ¿Cómo puedes compartir la esperanza que tienes en Cristo para animar a los que están sufriendo?*

....
....
....

Y por la entrañable misericordia de nuestro Dios, nos visitará desde lo alto la aurora para dar luz a los que habitan en tinieblas y en sombra de muerte y para guiar nuestros pies por caminos de paz.

Lucas 1:78-79

Escribe tu oración y tus
agradecimientos de la semana.

....

....

....

....

....

....

....

....

....

....

....

....

DESAFÍO DE LA SEMANA

El gozo se aproxima. Esta semana, nos enfocamos en esperar fielmente el regreso de Cristo. Su Segunda
Venida sanará nuestro quebrantamiento y hará que todo sea nuevo. Él es el Dios que restaura. ¿Qué
necesitas que Dios restaure en esta temporada de tu vida? Durante la espera de Su regreso ¿de qué
manera te preparas para recibir ese gozo extraordinario?

....

....

....

....

....

....

....

SALMOS 126

Cuando el Señor hizo volver de la cautividad a Sion, fuimos como los que sueñan. 2 Entonces nuestra boca se llenó de risa y nuestra lengua de alabanza. Entonces decían entre las naciones: «¡Grandes cosas ha hecho el Señor con estos!». 3 ¡Grandes cosas ha hecho el Señor con nosotros! ¡Estamos alegres! 4 ¡Haz volver nuestra cautividad, Señor, como los arroyos del Neguev! 5 Los que sembraron con lágrimas, con regocijo segarán. 6 Irá andando y llorando el que lleva la preciosa semilla, pero al volver vendrá con regocijo trayendo sus gavillas.

EOAO / *Salmos 126:4–6*
ESCRITURAS / *Escribe los versículos del devocional*

_____

_____

_____

_____

_____

_____

_____

_____

_____

_____

_____

_____

_____

_____

OBSERVACIÓN / *Escribe 3 - 4 observaciones*

_____

_____

_____

_____

_____

_____

_____

APLICACIÓN / *Escribe por lo menos 1 - 2 aplicaciones*

_____
_____
_____
_____
_____
_____
_____
_____
_____
_____
_____
_____

ORACIÓN / *Escribe una oración sobre lo que has aprendido y lo que Dios te ha revelado.*

_____
_____
_____
_____
_____
_____
_____
_____
_____
_____
_____
_____
_____
_____
_____
_____

EOAO

Salmos 126:4-6

¡Haz volver nuestra cautividad, Señor, como los arroyos del Neguev! Los que sembraron con lágrimas, con regocijo segarán. Irá andando y llorando el que lleva la preciosa semilla, pero al volver vendrá con regocijo trayendo sus gavillas.

EN EL TEXTO

El pueblo de Israel había visto la restauración de Dios. Lo habían visto restaurar Sión de una manera tan milagrosa que creían estar soñando. Ellos gritaron de alegría, alabando a Dios por las cosas increíbles que había realizado por ellos. Dios había traído de vuelta al pueblo del exilio en Babilonia, y había restaurado y reconstruido el templo y las murallas de la ciudad de Jerusalén.

Este salmo fue escrito después de esa restauración, cuando el pueblo de Israel esperaba de nuevo la restauración de Dios. Una vez más necesitaban desesperadamente de Su sanidad y de Su intervención, y este Salmo les recordaba Su fidelidad en el pasado y les daba gozo mientras observaban lo que Él haría en el futuro. Aunque seguían esperando la restauración de Dios, recordaban Su bondad, compasión y fidelidad.

Esta semana, nos enfocaremos en el increíble gozo que tenemos en el Señor. Después de recordar la promesa de Su regreso y de nuestra gran necesidad de Él, nos centramos en el gozo que ya tenemos en Él y la plenitud de gozo que tendremos cuando Él nos haya restaurado.

Cuando nos enfocamos en el gozo que tenemos en el Señor, sin importar nuestras circunstancias, encontramos esperanza. No ignoramos nuestro sufrimiento, pero nos enfocamos en la fidelidad de Dios y en lo que Él promete hacer. Él promete restaurar el mundo. Él promete regresar, derrotar al enemigo, y establecer Su reino en la tierra. Dios promete morar con nosotras para siempre y darnos vida eterna cuando ponemos nuestra fe en Él.

Si Dios puede cumplir estas increíbles promesas para nosotras, si puede restaurar el mundo, seguramente puede restaurar nuestras circunstancias actuales. No solo es lo suficientemente poderoso para intervenir, sino que se preocupa profundamente por el dolor y la tristeza que enfrentamos hoy. Él promete restaurar todas las cosas. Aunque los caminos y el tiempo de Dios se vean diferentes de lo que esperamos, podemos tener gozo mientras esperamos el cumplimiento de Sus promesas y Su próxima restauración. Podemos gritar de gozo, incluso mientras lo esperamos.

SOFONÍAS 3:14-20

¡Canta, hija de Sion! ¡Da voces de júbilo, Israel! ¡Gózate y regocíjate de todo corazón, hija de Jerusalén! 15 El Señor ha retirado su juicio contra ti; ha echado fuera a tus enemigos. El Señor es Rey de Israel en medio de ti; no temerás ya ningún mal. 16 En aquel tiempo se dirá a Jerusalén: «¡No temas, Sion, que no se debiliten tus manos!». 17 El Señor está en medio de ti; ¡Él es poderoso y te salvará! Se gozará por ti con alegría, callará de amor, se regocijará por ti con cánticos. 18 Como en día de fiesta apartaré de ti la desgracia; te libraré del oprobio que pesa sobre ti. 19 En aquel tiempo me ocuparé de todos tus opresores; salvaré a la oveja que cojea y recogeré a la descarriada. Cambiaré su vergüenza en alabanza y renombre en toda la tierra. 20 En aquel tiempo yo os traeré; en aquel tiempo os reuniré, y os daré renombre y fama entre todos los pueblos de la tierra, cuando ponga fin a vuestro cautiverio ante vuestros propios ojos, dice el Señor.

EOAO

EOAO / *Sofonías 3:17*
ESCRITURAS / *Escribe los versículos del devocional*

_____

_____

_____

_____

_____

_____

_____

_____

_____

_____

_____

_____

_____

_____

_____

_____

OBSERVACIÓN / *Escribe 3 - 4 observaciones*

_____

_____

_____

_____

_____

_____

_____

_____

APLICACIÓN / *Escribe por lo menos 1 - 2 aplicaciones*

_____

_____

_____

_____

_____

_____

_____

_____

_____

_____

_____

_____

ORACIÓN / *Escribe una oración sobre lo que has aprendido y lo que Dios te ha revelado.*

_____

_____

_____

_____

_____

_____

_____

_____

_____

_____

_____

_____

_____

_____

_____

EOAO

Sofonías 3:17

*El Señor está en medio de ti; ¡él es poderoso y
te salvará! Se gozará por ti con alegría, callará
de amor, se regocijará por ti con cánticos.*

EN EL TEXTO

El libro de Sofonías ofrece una gran esperanza para el pueblo
de Dios. Las promesas de Dios de proteger un remanente de
Su pueblo y darle un futuro se observa en este libro. El profeta
Sofonías llamó al arrepentimiento al pueblo de Judá. Les ofreció
la esperanza de que Dios restauraría aquellos que respondieran
a Su llamado. El deseo de Dios de restaurar a Su pueblo se
demuestra a lo largo de Sofonías ya que le da otra oportunidad a
Su pueblo de volverse de su maldad.

Este Salmo que se incluye al final de las profecías de Sofonías
provee esperanza al pueblo de Dios. Es un recordatorio de la
restauración venidera, de la manera en que Dios destruiría a los
enemigos de Su pueblo y traería a Su pueblo de vuelta a Él a
través de Su amor inexplicable.

En esta época de Adviento, podemos reflexionar en estas palabras,
sabiendo que Dios ya ha cumplido parte de esta promesa: Él ha
enviado a Su Hijo, Jesús, a salvarnos del pecado, al sacrificarse
por nosotras. Jesús es Aquel que estaba en medio de Su pueblo.
Él es el guerrero que nos libró del pecado y de la muerte. Se
complace en nosotras y nos renueva con Su amor salvador. Y
Jesús grita de alegría por nosotras cuando llegamos a la fe en Él.

Las promesas de Dios se están cumpliendo, incluso mientras
continuamos esperando. Nuestro Salvador, Jesús viene otra vez.
Él vendrá otra vez como un Rey reinante. Volverá a habitar
con nosotras. Él es el guerrero que nos liberará del enemigo y
del sufrimiento del mundo. Él se complace en nosotras, tanto
que nos ha preparado una morada eterna con Él. Renovará los
cielos, la tierra y a nosotras cuando regrese. Y mientras Él grita
de gozo por nosotras, ¡nosotras podemos gritar de gozo por Su
próxima liberación!

LUCAS 1:5-25

En los días de Herodes, rey de Judea, hubo un sacerdote llamado Zacarías, perteneciente a la clase sacerdotal de Abías. Su mujer se llamaba Elisabet y descendía de las hijas de Aarón. 6 Ambos eran íntegros delante de Dios e intachables en el cumplimiento de todos los mandamientos y ordenanzas del Señor. 7 No tenían hijos, porque ambos eran de edad avanzada y Elisabet era estéril. 8 Sucedió un día que estando Zacarías oficiando como sacerdote delante de Dios, conforme al orden establecido, 9 le tocó en suerte, según costumbre sacerdotal, entrar en el templo a ofrecer el incienso. 10 Mientras le ofrecía, una multitud del pueblo estaba fuera orando. 11 En esto se le apareció un ángel del Señor a la derecha del altar del incienso. 12 Zacarías, al verle, se turbó y quedó sobrecogido de temor. 13 Pero el ángel le dijo: —Zacarías, no temas, porque tu oración ha sido escuchada y tu mujer Elisabet te dará un hijo, al que llamarás Juan. 14 Tendrás gozo y alegría y serán muchos los que también se alegrarán de su nacimiento, 15 porque será grande delante de Dios. No beberá vino ni sidra y será lleno del Espíritu Santo aun desde el vientre de su madre. 16 Hará que muchos de los hijos de Israel se conviertan al Señor, su Dios. 17 Irá delante de él con el espíritu y el poder de Elías para hacer que los corazones de los padres se reconcilien con los hijos, para que los rebeldes recuperen la sensatez de los justos y para preparar al Señor un pueblo bien dispuesto. 18 Zacarías preguntó al ángel: —¿Cómo podré estar seguro de eso? Yo soy viejo y mi mujer es de edad avanzada. 19 Le respondió el ángel: —Yo soy Gabriel. Estoy delante de Dios y he sido enviado para hablarte y darte esta buena noticia. 20 Ahora quedarás mudo y no podrás hablar hasta el día en que esto suceda porque no creíste mis palabras, que se cumplirán a su tiempo. 21 Mientras tanto, el pueblo estaba esperando a Zacarías y se extrañaba de que estuviese tanto tiempo en el santuario. 22 Cuando salió, al ver que no podía hablar, comprendieron que había tenido una visión en el santuario. Él les hablaba por señas porque se había quedado mudo. 23 Una vez cumplido el tiempo de su servicio sacerdotal, Zacarías volvió a su casa. 24 Después de aquellos días, su mujer Elisabet quedó embarazada y permaneció cinco meses sin salir de casa, pues decía: 25 «El Señor ha actuado así conmigo para que ya no tenga de qué avergonzarme ante nadie».

EOAO / *Lucas 1:13–17*

ESCRITURAS / *Escribe los versículos del devocional*

OBSERVACIÓN / *Escribe 3 - 4 observaciones*

APLICACIÓN / *Escribe por lo menos 1 - 2 aplicaciones*

_____
_____
_____
_____
_____
_____
_____
_____
_____
_____
_____

ORACIÓN / *Escribe una oración sobre lo que has aprendido y lo que Dios te ha revelado.*

_____
_____
_____
_____
_____
_____
_____
_____
_____
_____
_____
_____
_____
_____

EOAO

Lucas 1:13-17

Pero el ángel le dijo: —Zacarías, no temas, porque tu oración ha sido escuchada y tu mujer Elisabet te dará un hijo, al que llamarás Juan. Tendrás gozo y alegría y serán muchos los que también se alegrarán de su nacimiento, porque será grande delante de Dios. No beberá vino ni sidra y será lleno del Espíritu Santo aun desde el vientre de su madre. Hará que muchos de los hijos de Israel se conviertan al Señor, su Dios. Irá delante de él con el espíritu y el poder de Elías para hacer que los corazones de los padres se reconcilien con los hijos, para que los rebeldes recuperen la sensatez de los justos y para preparar al Señor un pueblo bien dispuesto.

EN EL TEXTO

Dios había permanecido en silencio durante más de cuatrocientos años. Había dejado de hablarle a Su pueblo, y ellos sintieron la falta de Su palabra y guía. Una pareja, Zacarías y Elisabet, encontró el favor de Dios y fueron íntegros e intachables delante de Él. Pero, aunque siguieron todos los mandamientos y ordenanzas del Señor, aun así experimentaron dolor. Elisabet era estéril, y esto le causó gran deshonra entre su pueblo.

Fue a través de esta pareja que Dios rompería Su silencio hacia Su pueblo. Dios habló a Zacarías en el Lugar Santo del templo, haciéndole saber lo que estaba a punto de hacer. La esposa estéril de Zacarías concebiría un hijo, un hijo que sería el precursor del Mesías. Este niño sería un testigo para el mundo de la obra del Salvador venidero, y llamaría a muchos a arrepentirse y volver al Señor.

La celebración del nacimiento de Cristo se acerca. Nos anticipamos al día de Navidad, pero aún estamos esperando. Como Zacarías y Elisabet reconocieron la venida del Mesías, ellos aún tuvieron que esperar. Su hijo sería el encargado de preparar al pueblo para la llegada del Mesías. Mientras ellos esperaban, su gozo aumentaba.

Mientras esperamos el regreso de Cristo, nuestro gozo también se incrementa. Aunque nuestro dolor y sufrimiento también pueden aumentar a lo largo de nuestras vidas, nuestro gozo aumentará aún más al mirar, no a lo que se ve, sino a lo que no se ve. Confiamos en la Palabra de Dios y esperamos con expectación su cumplimiento. Celebramos el nacimiento de Cristo con gozo por la obra que hizo para salvarnos. También esperamos con gozo Su regreso porque sabemos que la venida de nuestro Rey será más de lo que podríamos esperar.

LUCAS 1:57-80

Cuando se cumplió el tiempo de dar a luz, Elisabet tuvo un hijo. 58 Los vecinos y parientes se enteraron de este gran don que el Señor, en su misericordia, le había concedido, y se alegraron con ella. 59 Aconteció que al octavo día vinieron para circuncidar al niño y querían llamarle Zacarías, como su padre; 60 pero su madre dijo: —No. Se llamará Juan. 61 Los presentes replicaron: —¿Por qué? No hay nadie en tu familia que se llame así. 62 Entonces preguntaron por señas a su padre cómo quería llamarle. 63 Él pidió una tablilla y escribió: «Juan es su nombre». Todos se maravillaron. 64 En aquel mismo momento, Zacarías recuperó el habla y comenzó a alabar a Dios, 65 de modo que todos los vecinos se llenaron de pavor y en la montañosa región de Judea se divulgaron todas estas cosas. 66 Quienes las oían se quedaban pensativos y se preguntaban: «¿Quién será este niño?». Porque era evidente que la mano del Señor estaba con él. 67 Zacarías, su padre, se llenó del Espíritu Santo y profetizó diciendo: 68 Bendito el Señor Dios de Israel, que ha visitado y redimido a su pueblo, 69 y ha levantado para nosotros un poderoso salvador descendiente de la casa de David, su siervo. 70 Había anunciado por boca de sus santos profetas que fueron desde el principio estas cosas: 71 salvación de nuestros enemigos y de la mano de todos los que nos odian, 72 haciendo misericordia con nuestros padres y acordándose de cumplir su santo pacto. 73 Y este es el juramento que hizo a nuestro padre Abrahán y que nos había de dar a nosotros: 74 que, librados de nuestros enemigos, le serviríamos sin temor 75 en santidad y en justicia ante él todos los días de nuestra vida. 76 Y a ti, niño, te llamarán profeta del Altísimo porque irás delante del Señor para preparar sus caminos, 77 para dar conocimiento de salvación a su pueblo mediante el perdón de sus pecados. 78 Y por la entrañable misericordia de nuestro Dios, nos visitará desde lo alto la aurora 79 para dar luz a los que habitan en tinieblas y en sombra de muerte y para guiar nuestros pies por caminos de paz. 80 El niño fue creciendo y fortaleciéndose su espíritu; y vivió en lugares desiertos hasta el día en que se presentó públicamente a Israel.

EOAO / *Lucas 1:76–79*
ESCRITURAS / *Escribe los versículos del devocional*

_____

_____

_____

_____

_____

_____

_____

_____

_____

_____

_____

_____

_____

_____

_____

_____

OBSERVACIÓN / *Escribe 3 - 4 observaciones*

_____

_____

_____

_____

_____

_____

_____

_____

_____

APLICACIÓN / *Escribe por lo menos 1 - 2 aplicaciones*

_____

_____

_____

_____

_____

_____

_____

_____

_____

_____

_____

ORACIÓN / *Escribe una oración sobre lo que has aprendido y lo que Dios te ha revelado.*

_____

_____

_____

_____

_____

_____

_____

_____

_____

_____

_____

_____

_____

_____

_____

EOAO

Lucas 1:76-79

Y a ti, niño, te llamarán profeta del Altísimo porque irás delante del Señor para preparar sus caminos, para dar conocimiento de salvación a su pueblo mediante el perdón de sus pecados. Y por la entrañable misericordia de nuestro Dios, nos visitará desde lo alto la aurora para dar luz a los que habitan en tinieblas y en sombra de muerte y para guiar nuestros pies por caminos de paz.

EN EL TEXTO

Lo prometido estaba finalmente al alcance de la mano. Dios había prometido dar un hijo a Zacarías y Elisabet, y cuando Juan nació, Zacarías mostró su fe en la promesa de Dios y su obediencia al mandato de Dios, nombrándolo como el ángel le indicó. Este fue el momento redentor de Zacarías, estaba abrumado de gozo y alabó a Dios.

Lo prometido estaba finalmente al alcance de la mano. Dios había prometido enviar a un redentor, el Mesías, uno que salvaría al mundo del pecado y de la muerte. Dios también prometió que vendría un precursor que prepararía el camino para el Mesías. Juan era ese mensajero prometido, quien proclamaría la venida del Mesías y llamaría al pueblo al arrepentimiento.

Lo prometido está finalmente al alcance de la mano. Mientras preparamos nuestros corazones para la celebración del Nacimiento de Cristo el día de Navidad, recordamos todas las promesas que Dios nos ha hecho. Él prometió restaurar, perdonar y derramar Su misericordia sobre nosotras. Él nos ha dado luz en la oscuridad a través de Su Hijo. Dios ya ha cumplido Su promesa de salvarnos del pecado y de la muerte, y Él cumplirá Su promesa de regresar como Rey. Recordemos lo que estamos esperando incluso mientras celebramos Su primera venida.

Lo prometido se cumplirá con seguridad. Dios cumple Sus promesas. El cumplió Su promesa a Zacarías y Elisabet, a pesar que Zacarías dudó. Él cumplió Su promesa de salvarnos del pecado cuando Él murió en la cruz. Él mantendrá Su promesa de regresar como Rey y darnos vida eterna. Y no importa lo que enfrentemos hoy, no importa cómo sean nuestras circunstancias, podemos confiar en todas Sus promesas, creyendo que Dios es fiel y que nos ama.

Lo prometido se cumplirá con seguridad. Zacarías se detuvo y alabó a Dios cuando Juan nació. Él vio la mano poderosa de Dios, y lo adoró. Cuando miremos a Dios moviéndose en nuestras vidas, aunque no sea el resultado exacto que esperábamos, que seamos personas que nos detengamos y le alabemos por lo que Él está haciendo y por cómo Él está obrando. Porque Él siempre está con nosotras, y siempre está restaurando.

ISAÍAS 35

Se alegrarán el desierto y el sequedal; la estepa se gozará y florecerá como la rosa. 2 Florecerá sin falta, y también se alegrará y cantará con júbilo; la gloria del Líbano le será dada, la hermosura del Carmelo y de Sarón. Ellos verán la gloria del Señor, el esplendor de nuestro Dios. 3 ¡Fortaleced las manos cansadas, afirmad las rodillas endebles! 4 Decid a los de corazón apocado: «¡Esforzaos, no temáis! Vuestro Dios viene con retribución, con pago; Dios mismo vendrá y os salvará». 5 Entonces, los ojos de los ciegos serán abiertos y destapados los oídos de los sordos. 6 Entonces, el cojo saltará como un ciervo y cantará la lengua del mudo, porque aguas brotarán en el desierto y torrentes en la estepa. 7 El lugar seco se convertirá en estanque y el sequedal en lugar de manantiales de agua. La guarida de los chacales, donde ellos se refugian, será lugar de cañas y juncos. 8 Y habrá allí calzada y camino, el cual será llamado Camino de Santidad. No pasará por allí ningún impuro, sino que él mismo estará con ellos. El que ande por este camino, por torpe que sea, no se extraviará. 9 No habrá allí león, ni fieras subirán por él, ni allí se encontrarán, para que caminen los redimidos. 10 Y los redimidos por el Señor volverán a Sion con cantos de júbilo, y con la alegría dibujada en sus rostros. Tendrán gozo y alegría, y desaparecerán el llanto y la tristeza.

EOAO / *Isaias 35:9–10*
ESCRITURAS / *Escribe los versículos del devocional*

_____

_____

_____

_____

_____

_____

_____

_____

_____

_____

_____

_____

_____

_____

_____

_____

_____

_____

OBSERVACIÓN / *Escribe 3 - 4 observaciones*

_____

_____

_____

_____

_____

_____

_____

_____

_____

APLICACIÓN / *Escribe por lo menos 1 - 2 aplicaciones*

_____
_____
_____
_____
_____
_____
_____
_____
_____
_____
_____
_____

ORACIÓN / *Escribe una oración sobre lo que has aprendido y lo que Dios te ha revelado.*

_____
_____
_____
_____
_____
_____
_____
_____
_____
_____
_____
_____
_____
_____
_____
_____
_____

EOAO

Isaías 35:9-10

No habrá allí león, ni fieras subirán por él, ni allí se encontrarán, para que caminen los redimidos. Y los redimidos por el Señor volverán a Sión con cantos de júbilo, y con la alegría dibujada en sus rostros. Tendrán gozo y alegría, y desaparecerán el llanto y la tristeza.

EN EL TEXTO

Puede ser difícil leer pasajes de restauración o alabanza cuando estamos en medio de una época de sufrimiento. Puede parecer imposible regocijarse cuando nuestro dolor es abrumador. Sin embargo, esto es lo que Isaías hizo en su ministerio profético: animó al pueblo de Judá a regocijarse y alabar a Dios incluso cuando estaban sufriendo en medio de la destrucción.

Las palabras de Isaías nos recuerdan que debemos dirigir nuestro corazón a Dios y alabarle cuando estamos sufriendo. Este pasaje en particular fue escrito específicamente para el pueblo de Judá, advirtiéndoles de su pronta destrucción y alentándoles con esperanza de una futura restauración. Aunque no somos la audiencia original, este pasaje nos dice mucho acerca del carácter de Dios quien nos ama.

Nuestro Dios es todopoderoso. Él fortalece a Su pueblo, y Él venga a quienes han sido explotados. Él hace a los sordos oír, a los ciegos ver, y a los cojos saltar. Nuestro Dios trae agua a una tierra estéril y crea un camino para que Su pueblo regrese. Él libera de la esclavitud, rescata a Su pueblo. Nuestro Dios los corona con gozo y los colma de alegría.

Puede que no estés en una época marcada por un gozo abrumador. Pero pase lo que pase, el carácter de Dios sigue siendo el mismo. Él aún es el Dios que restaura, cumple promesas, y te corona con gozo y felicidad. Puedes confiar en Él sin importar lo que tengas que afrontar. El Adviento nos recuerda el interminable gozo que tenemos en Cristo. No tenemos que temer, acobardarnos o escondernos cuando nos enfrentemos al sufrimiento. Por la gracia de Dios, podemos vivir gozosamente incluso en medio del dolor. Podemos proclamar Su bondad incluso cuando nuestro mundo pareciera desmoronarse.

Mientras concluyes tu tiempo Devocional hoy en la Palabra de Dios, pídele a Él que te llene con Su gozo renovado. Él está contigo en lo que sea que estés enfrentando, y sabe exactamente qué consuelo necesitas. Acude a Él. Búscalo. Pídele. Él es el que hace un camino, y Él está haciendo un camino para ti hoy. Deja que Él te llene de gozo en esta temporada de espera.

1. *¿Cómo has visto a Dios restaurar tu vida o las circunstancias de tu pasado? ¿Qué le pides o esperas que haga por ti hoy? ¿De qué manera la fidelidad de Dios en el pasado te da gozo en esta época de espera?*

....

....

....

2. *¿Qué nos muestra Sofonías 3:17 sobre la restauración que viene de Dios? ¿Cómo puedes encontrar gozo y proclamar Su bondad hoy?*

....

....

....

3. *¿Cómo mostró Dios Su favor a Elisabet y Zacarías? ¿Cómo se incrementó su gozo a través de su espera? ¿Cómo ha aumentado Dios tu alegría en los tiempos de espera?*

....

....

....

4. *Escribe una breve oración de alabanza a Dios. Escribe detalles o formas específicas en las que Él te ha revelado Su fidelidad en este último año.*

....

....

....

5. *¿Qué te produce gozo y felicidad en estos momentos? ¿Qué emociones te afligen hoy? ¿Cómo puedes encontrar alegría en la esperanza que tienes en Cristo, incluso en medio del sufrimiento?*

....

....

....

Este será grande y
será llamado Hijo
del Altísimo. El
Señor Dios le dará
el trono de David,
su padre. Reinará
sobre la casa de
Jacob eternamente
y su Reino no
tendrá fin.

Lucas 1:32-33

Escribe tu oración y tus
agradecimientos de la semana.

....

....

....

....

....

....

....

....

....

....

....

....

....

DESAFÍO DE LA SEMANA

Cuando el ángel le anunció a María que ella sería la madre del Mesías, ella le creyó. Ella se preparó
para todo lo que estaba sucediendo mientras esperaba la llegada de Cristo. ¿Cómo te estás preparando
para celebrar el nacimiento de Cristo? ¿Cómo te preparas para Su regreso?

....

....

....

....

....

....

....

....

MIQUEAS 5:2-4

Pero tú, Belén Efrata, tan pequeña entre las familias de Judá, de ti me saldrá el que será Señor en Israel; sus orígenes se remontan al inicio de los tiempos, a los días de la eternidad. 3 Pero los dejará hasta el tiempo que dé a luz la que ha de dar a luz, y el resto de sus hermanos volverá junto a los hijos de Israel. 4 Y él se levantará y los apacentará con el poder del Señor, con la grandeza del nombre del Señor, su Dios; y morarán seguros, porque ahora será engrandecido hasta los confines de la tierra.

EOAO / *Miqueas 5:4*
ESCRITURAS / *Escribe los versículos del devocional*

OBSERVACIÓN / *Escribe 3 - 4 observaciones*

APLICACIÓN / *Escribe por lo menos 1 - 2 aplicaciones*

_____

_____

_____

_____

_____

_____

_____

_____

_____

_____

_____

ORACIÓN / *Escribe una oración sobre lo que has aprendido y lo que Dios te ha revelado.*

_____

_____

_____

_____

_____

_____

_____

_____

_____

_____

_____

_____

_____

_____

EOAO

Miqueas 5:4

Y él se levantará y los apacentará con el poder del Señor, con la grandeza del nombre del Señor, su Dios; y morarán seguros, porque ahora será engrandecido hasta los confines de la tierra.

EN EL TEXTO

La profecía de Miqueas presenta tanto el inminente juicio como la promesa de un futuro bendecido en Israel y Judá. Dios usa a Miqueas como Su mensajero para confrontar a Su pueblo por haber quebrantado su pacto con Él. A lo largo de su mensaje de juicio, Miqueas también habla de la gran misericordia y bondad de Dios. La misericordia, la gracia y la bondad de Dios se verían más claramente en la persona de Jesús, el que pastorearía el rebaño de Dios y traería la redención al mundo.

Dios anhela los corazones de Su pueblo, no únicamente sus rituales. Cada vez que pronuncia juicio, Dios también promete restaurar a Su pueblo con un futuro glorioso. La ira y la misericordia de Dios van de la mano, revelando Su santidad junto a su amor leal. Al acercarnos a los últimos días de la Navidad, las palabras de Miqueas nos recuerdan que debemos examinar nuestros corazones. ¿Estamos siguiendo los movimientos, realizando los "rituales" de la temporada pero con corazones distraídos o lejos de Él?

Esta semana, toma tiempo para examinar tu corazón. Enfócate en la manera en que tu corazón se aproxima a la Navidad: ¿Se estará aproximando con estrés y ocupado, o con paz, gozo y esperanza? La gran misericordia de Dios no nos condena, sino que nos invita a acercarnos a Él, confesar nuestros pecados y dejar todas nuestras cargas a Sus pies. Incluso en los tiempos más oscuros para el pueblo escogido de Dios, cuando se habían vuelto ferozmente contra Él y adoraban a otros dioses, Él prometió preservar un remanente. Dios no los destruiría por completo, sino que les recordaría Su bondad y misericordia y llamaría sus corazones de vuelta a Él.

¿Cómo está llamado Dios tu corazón hacia Él esta semana? ¿Qué está haciendo Él en tu vida que muestra Su gran misericordia, amor y santidad? A medida que avanzamos hacia los últimos días antes de Navidad, recordemos que nos estamos preparando y esperando la venida de nuestro Rey, nuestro Buen Pastor, nuestro Señor soberano.

1 SAMUEL 2:1-10

Entonces Ana oró y dijo: Mi corazón se regocija en el Señor, mi poder se exalta en el Señor; mi boca se ríe de mis enemigos, por cuanto me alegré en tu salvación. 2 No hay santo como el Señor; porque no hay nadie fuera de ti ni refugio como el Dios nuestro. 3 No multipliquéis las palabras de orgullo y altanería; cesen las palabras arrogantes de vuestra boca, porque el Señor es el Dios que todo lo sabe y a él le toca juzgar las acciones. 4 Los arcos de los fuertes se han quebrado y los débiles se ciñen de vigor. 5 Los saciados se alquilan por pan y los hambrientos dejan de tener hambre; hasta la estéril da a luz siete veces, mas la que tenía muchos hijos languidece. 6 El Señor da la muerte y la vida; hace descender al seol y retornar. 7 El Señor empobrece y enriquece, abate y enaltece. 8 Él levanta del polvo al pobre; alza del estercolero al menesteroso, para hacerlo sentar con príncipes y heredar un sitio de honor. Porque del Señor son las columnas de la tierra; él afirmó sobre ellas el mundo. 9 Él guarda los pies de sus santos, mas los impíos perecen en tinieblas; porque nadie será fuerte por su propia fuerza. 10 Delante del Señor serán quebrantados sus adversarios y sobre ellos tronará desde los cielos. El Señor juzgará los confines de la tierra, dará poder a su Rey y exaltará el poderío de su Ungido.

SALMOS 113

Alabad, siervos del Señor, alabad el nombre del Señor. 2 Sea el nombre del Señor bendito desde ahora y para siempre. 3 Desde el nacimiento del sol hasta donde se pone, sea alabado el nombre del Señor. 4 Excelso sobre todas las naciones es el Señor, sobre los cielos su gloria. 5 ¿Quién como el Señor, nuestro Dios, que se sienta en las alturas, 6 que se humilla a mirar en el cielo y en la tierra? 7 Él levanta del polvo al pobre y al menesteroso alza de su miseria, 8 para hacerlos sentar con los príncipes, con los príncipes de su pueblo. 9 Él hace habitar en familia a la estéril, que se goza en ser madre de hijos. ¡Aleluya!

EOAO / *Salmos 113:1-2*
ESCRITURAS / *Escribe los versículos del devocional*

_____

_____

_____

_____

_____

_____

_____

_____

_____

_____

_____

_____

_____

_____

OBSERVACIÓN / *Escribe 3 - 4 observaciones*

_____

_____

_____

_____

_____

_____

_____

APLICACIÓN / *Escribe por lo menos 1 - 2 aplicaciones*

ORACIÓN / *Escribe una oración sobre lo que has aprendido y lo que Dios te ha revelado.*

EOAO

Salmos 113:1-2

Alabad, siervos del Señor, alabad el nombre del Señor. Sea el nombre del Señor bendito desde ahora y para siempre.

EN EL TEXTO

Mientras pasamos por esta temporada de Adviento, recordamos la venida de nuestro Rey, la realidad del dolor en nuestro mundo, y del gran gozo que tenemos mientras esperamos. Esta semana mientras nos acercamos cada vez más a la celebración del nacimiento de Cristo, nuestros corazones se inclinan a alabar.

El Salmo 113 se inspiró en la canción de Ana en 1 Samuel 2. Después de orar y esperar un hijo durante muchos años, Ana pudo regocijarse cuando Dios finalmente contestó su oración y le dio un hijo. Ella alabó al Señor por Su carácter y Su increíble obra en su vida. Ana estaba llena de gozo al reconocer la ayuda y la gracia de Dios al responder su oración. Pero profundizó y también expresó su confianza en quién es Dios: Él es santo y no hay nadie como Él.

Este salmo fue recitado por generaciones de israelitas, recordándoles, y exhortándoles a alabar al Señor en todas las circunstancias. Él es digno de alabar, Él es exaltado, y nada se puede comparar a Él. Él está sentado en lo alto, pero se inclina para ver a la tierra, para cuidar a Su pueblo. Él levanta a los pobres de la tierra y los coloca en lugares de honor. Convierte la esterilidad en fecundidad. Dios es digno de alabanza.

Ya sea que hayamos visto o no a Dios responder oraciones de manera milagrosa como lo hizo Ana, o si aún estamos esperando que Dios responda, Él es digno de alabanza. Él nos presta atención. El Adviento está destinado a recordarnos la redención y el Redentor que estamos esperando. Mientras esperamos, alabamos Su carácter, fidelidad y amor. Lo alabamos por lo que ya ha hecho en nuestras vidas y nos regocijamos porque un día, cuando todas sus promesas se cumplan por completo, lo alabaremos aún más.

LUCAS 1:26-45

Al sexto mes, el ángel Gabriel fue enviado por Dios a una ciudad de Galilea llamada Nazaret, 27 para visitar a una muchacha virgen llamada María, que estaba prometida en matrimonio con José, un hombre descendiente del rey David. 28 El ángel, acercándose a ella, le dijo: —¡Saludos, colmada de gracia! El Señor está contigo. Bendita tú entre las mujeres. 29 Cuando ella escuchó sus palabras se quedó perpleja, preguntándose qué significaba aquel saludo. 30 Entonces el ángel le dijo: —María, no tengas miedo, porque Dios te ha concedido su gracia. 31 Vas a quedar embarazada y darás a luz un hijo a quien pondrás por nombre Jesús. 32 Este será grande y será llamado Hijo del Altísimo. El Señor Dios le dará el trono de David, su padre. 33 Reinará sobre la casa de Jacob eternamente y su Reino no tendrá fin. 34 Entonces María preguntó al ángel: —¿Cómo será posible eso? Yo nunca he tenido relaciones conyugales con ningún hombre. 35 Le respondió el ángel: —El Espíritu Santo vendrá sobre ti y el poder del Altísimo te cubrirá con su sombra. Por eso el Santo Ser que va a nacer de ti será llamado Hijo de Dios. 36 También tu parienta Elisabet, a la que llamaban estéril, va a tener un hijo en su ancianidad, y ya está de seis meses. 37 Para Dios no hay nada imposible. 38 Entonces María dijo: —Yo soy la sierva del Señor. Hágase en mí lo que has dicho. Y el ángel se fue de su presencia. 39 En aquellos días María se puso en camino y se dirigió apresuradamente a una ciudad de la región montañosa de Judá. 40 Entró en casa de Zacarías y saludó a Elisabet. 41 Y sucedió que cuando Elisabet oyó el saludo de María, la criatura saltó en su vientre. Elisabet, llena del Espíritu Santo, 42 exclamó a gran voz: —Bendita tú entre las mujeres y bendito el fruto de tu vientre. 43 ¿Cómo es posible que la madre de mi Señor venga a visitarme? 44 Tan pronto como llegó la voz de tu saludo a mis oídos, la criatura saltó de alegría en mi vientre. 45 ¡Dichosa tú, porque has creído que el Señor cumplirá las promesas que te ha hecho!

EOAO / *Lucas 1:30–33*
ESCRITURAS / *Escribe los versículos del devocional*

_____

_____

_____

_____

_____

_____

_____

_____

_____

_____

_____

_____

_____

_____

_____

_____

_____

_____

OBSERVACIÓN / *Escribe 3 - 4 observaciones*

_____

_____

_____

_____

_____

_____

_____

_____

APLICACIÓN / *Escribe por lo menos 1 - 2 aplicaciones*

_____

_____

_____

_____

_____

_____

_____

_____

_____

_____

_____

ORACIÓN / *Escribe una oración sobre lo que has aprendido y lo que Dios te ha revelado.*

_____

_____

_____

_____

_____

_____

_____

_____

_____

_____

_____

_____

_____

_____

_____

EOAO

Lucas 1:30-33

Entonces el ángel le dijo: —María, no tengas miedo, porque Dios te ha concedido su gracia. Vas a quedar embarazada y darás a luz un hijo a quien pondrás por nombre Jesús. Este será grande y será llamado Hijo del Altísimo. El Señor Dios le dará el trono de David, su padre. Reinará sobre la casa de Jacob eternamente y su Reino no tendrá fin.

EN EL TEXTO

María fue una mujer que se rindió a la voluntad de Dios y sacrificó sus planes para obedecer al Señor. María fue escogida por Dios para hacer algo que nadie más en la tierra había sido ni será llamada a hacer. María se mostró valiente ante el anuncio de este ángel del Señor que cambiaría su vida. Estaba "muy turbada" y se preguntaba por el significado del saludo del ángel. No se nos dan otras descripciones de los pensamientos o sentimientos de María en ese momento. Pero aunque tenía dudas, estaba dispuesta a entregar su vida al plan milagroso de Dios.

Dios es tan clemente que planificó perfectamente el embarazo inesperado de Elisabet para que coincidiera con el de María. El embarazo de Elisabet fue sorprendente, el de María fue milagroso. María tenía una pariente a quien acudir, alguien quien también había recibido un llamado específico del Señor. Dios les proveyó a ambas mujeres una amiga en quien apoyarse. Si bien María tuvo que entregar su vida y su futuro al Señor, Él no la dejó sin apoyo ni comunidad.

La postura y la humildad de María ante el Señor muestran a lo que debemos aspirar en nuestro camino de fe, especialmente en la temporada de Adviento. María recibió un anuncio impactante de un mensajero de Dios, y ella lo recibió con una gran fe. Se ofreció ella misma totalmente al Señor, creyendo que lo que Dios había dicho pasaría. Elisabet reconoció el milagro también, y bendijo a María diciendo, "Y bienaventurada la que creyó, porque se cumplirá lo que le fue dicho de parte del Señor." (Lucas 1:45).

Como adolescente, recién embarazada y lejos de casa, María seguramente se sintió estresada mientras esperaba el cumplimiento de la promesa de Dios. Sin embargo, incluso en la dificultad, enfocó su corazón en la promesa de Dios, creyéndole. Que nuestros corazones estén tranquilos y humildes a medida que nos acercamos a la Navidad. Que nosotras, como María, creamos en las promesas de Dios y descansemos en Su soberanía.

SALMOS 123

A ti alcé mis ojos, a ti que habitas en los cielos. 2 Como los ojos de los siervos miran la mano de sus señores, y como los ojos de la sierva miran la mano de su señora, así nuestros ojos miran al Señor, nuestro Dios, hasta que tenga misericordia de nosotros. 3 Ten misericordia de nosotros, Señor, ten misericordia de nosotros, porque estamos muy hastiados del menosprecio. 4 Hastiada está nuestra alma de la burla de los que tienen abundancia, y del menosprecio de los soberbios.

EOAO / *Salmos 123:1–4*
ESCRITURAS / *Escribe los versículos del devocional*

_____

_____

_____

_____

_____

_____

_____

_____

_____

_____

_____

_____

_____

_____

_____

_____

OBSERVACIÓN / *Escribe 3 - 4 observaciones*

_____

_____

_____

_____

_____

_____

_____

_____

_____

APLICACIÓN / *Escribe por lo menos 1 - 2 aplicaciones*

_____
_____
_____
_____
_____
_____
_____
_____
_____
_____
_____

ORACIÓN / *Escribe una oración sobre lo que has aprendido y lo que Dios te ha revelado.*

_____
_____
_____
_____
_____
_____
_____
_____
_____
_____
_____
_____
_____
_____
_____
_____

E O A O

Salmos 123:1-4

A ti alcé mis ojos, A ti que habitas en los cielos. Como los ojos de los siervos miran a la mano de sus señores y como los ojos de la sierva a la mano de sus señores, así nuestros ojos miran al Señor, nuestro Dios, hasta que tenga misericordia de nosotros. Ten misericordia de nosotros, Señor, ten misericordia de nosotros, porque estamos muy hastiados del menosprecio. Hastiada está nuestra alma de la burla de los que tienen abundancia, y del menosprecio de los soberbios.

EN EL TEXTO

El Salmo 123 es un cántico gradual, un salmo cantado y recitado por el Pueblo de Israel cada año mientras ellos hacían la peregrinación al templo de Jerusalén. Como judía, María probablemente estaba familiarizada con este salmo. Al reflexionar sobre este salmo y la historia de María, encontramos una oración por el tipo de humildad y quietud que buscamos en esta temporada.

El salmista mira hacia Dios, aferrándose a cada una de Sus palabras. El salmista está fijo en Dios, enfocado en esperar Su respuesta y Su liberación, esperando que Dios le muestre Su favor. Se atreve a pedir al Señor Su favor divino, recordándole la humillación y el desprecio que recibió de manos de los soberbios.

En una época de la historia de Israel en la que se enfrentaban a la opresión y gobierno extranjero, María y los de su comunidad estarían familiarizados con este tipo de opresión. Esperaban que Dios les enviara un redentor, que los favoreciera y los librara de sus enemigos.

Dios respondió. Mostró un favor específico y personal a María cuando la seleccionó para ser la madre del Mesías, aquella por quien nacería el Hijo de Dios. Mostró Su favor a Su pueblo, a los judíos, y a los que creerían en Él, enviando a Su Mesías al mundo.

A nosotras nos ha mostrado Su favor enviando a Su Hijo. Nos muestra Su favor ahora, diariamente, mientras caminamos con Él. Y nos mostrará Su favor de nuevo cuando Cristo regrese como Rey. Que recordemos el favor de Dios mientras consideramos Su bondad y esperamos Su liberación.

LUCAS 1:46-55

Entonces María respondió: —Mi alma engrandece al Señor 47 y mi espíritu se regocija en Dios mi Salvador. 48 Porque ha mirado la bajeza de su sierva. Desde ahora me llamarán dichosa por todas las generaciones; 49 porque el Poderoso me ha hecho grandes cosas. ¡Santo es su nombre 50 y su misericordia permanece de generación en generación para los que le temen! 51 Hizo proezas con su brazo. A los engreídos les desbarató el pensamiento de sus corazones. 52 Derribó de los tronos a los poderosos y exaltó a los humildes. 53 A los hambrientos colmó de bienes y a los ricos envió con las manos vacías. 54 Socorrió a Israel, su siervo, y se acordó de su misericordia, 55 de la cual habló con nuestros padres, con Abrahán y con toda su descendencia para siempre.

EOAO / *Lucas 1:46–50*
ESCRITURAS / *Escribe los versículos del devocional*

_____

_____

_____

_____

_____

_____

_____

_____

_____

_____

_____

_____

_____

_____

_____

OBSERVACIÓN / *Escribe 3 - 4 observaciones*

_____

_____

_____

_____

_____

_____

_____

_____

APLICACIÓN / *Escribe por lo menos 1 - 2 aplicaciones*

_____

_____

_____

_____

_____

_____

_____

_____

_____

_____

_____

ORACIÓN / *Escribe una oración sobre lo que has aprendido y lo que Dios te ha revelado.*

_____

_____

_____

_____

_____

_____

_____

_____

_____

_____

_____

_____

_____

_____

_____

EOAO

Lucas 1:46-50

*Entonces María respondió: —Mi alma engrandece al Señor
y mi espíritu se regocija en Dios mi Salvador. Porque ha
mirado la bajeza de su sierva. Desde ahora me llamarán
dichosa por todas las generaciones; porque el Poderoso me ha
hecho grandes cosas. ¡Santo es su nombre y su misericordia
permanece de generación en generación para los que le temen!*

EN EL TEXTO

El Magníficat, el himno de alabanza de María, es una expresión sublime de fe en la autoridad soberana y la bondad de Dios. María se regocijó en la bondad de Dios hacia ella y lo alabó por Su poder y santidad. Habló de la oposición de Dios al poder abusivo, el orgullo, la opresión de los vulnerables y Su provisión para los pobres y hambrientos. Reconoció la intención de Dios de exponer los sistemas injustos y los poderes abusivos, una realidad de la que sería testigo en la vida y ministerio de su hijo Jesús.

El himno de alabanza de María sigue el modelo de la oración de Ana en 1 de Samuel 2 y del Salmo 113. Al igual que Ana, se enfocó en la liberación del Señor, en Su santidad y Su poder. Ambas alabaron a Dios por Su liberación de los necesitados y de los pobres y cómo vela por Su pueblo. Aunque Jesús no destruyó los reinos terrenales durante Su primera venida, Él sí destruyó el poder del pecado y de la muerte. María exaltó al Señor incluso mientras esperaba que Él cumpliera todas Sus promesas.

Hoy, seguimos esperando la venida del Señor. Aún nos encontramos en un mundo con personas arrogantes y orgullosas, un mundo de sufrimiento, guerra, pérdida, muerte y dolor. Pero incluso en medio de esto, ¡tenemos gozo! Tenemos gozo porque sabemos lo que viene. Podemos descansar y regocijarnos en todo lo que Él ha hecho y todo lo que Él hará. Y podemos confiar que Él proveerá lo que necesitamos. Envió a Su Hijo para ser nuestro sustituto, y para rescatarnos del pecado y de la muerte. Y, cuando vuelva, reinará como Rey, estableciendo Su justicia y eliminando el dolor y el deterioro del mundo de una vez por todas. ¡Que nuestras almas exalten al Señor!

1. *¿Cómo está llamando Dios a tu corazón esta semana? ¿Qué está haciendo Él en tu vida que muestra su gran misericordia y amor, así como Su santidad?*

....

....

....

2. *¿Por qué estás alabando a Dios hoy? Alábale por Su carácter y santidad, así como por Sus actos de fidelidad en tu vida.*

....

....

....

3. *¿Cuál es la actitud de tu corazón al acercarse el día de Navidad? ¿Cómo puedes alinear tu corazón con Cristo mientras te preparas para celebrar Su nacimiento?*

....

....

....

4. *¿Cómo te ha mostrado Dios Su favor en el pasado? ¿Cómo te muestra Dios Su favor en la actualidad?*

....

....

....

5. *¿Qué cosas grandes ha hecho Dios por ti? Tomando el ejemplo de María, ¿de qué maneras vas a proclamar la bondad de Dios a las generaciones futuras?*

....

....

....

Pure

PUENTE

Usa estos pasajes para hacer tu
DEVOCIONAL entre estudios
Plan de lectura de 2 semanas

¿Has desarrollado un hábito de estudio bíblico diario y constante y no quieres romperlo antes de que comience el próximo estudio? En las páginas siguientes, puedes continuar tu tiempo de quietud, seguir nuestra lectura sugerida y utilizar el método EOAO en los pasajes.

SEMANA 1

○ *Lunes*
Lectura: Proverbios 27:2–13
EOAO: Proverbios 27:2

○ *Martes*
Lectura: Proverbios 27:14–27
EOAO: Proverbios 27:19

○ *Miércoles*
Lectura: Proverbios 28:1–14
SOAP: Proverbios 28:13

○ *Jueves*
Lectura: Proverbios 28:15–28
EOAO: Proverbs 28:23

○ *Viernes*
Lectura: Proverbios 29:1–14
EOAO: Proverbios 29:7

SEMANA 2

○ *Lunes*
Read: Proverbios 29:15–27
EOAO: Proverbios 29:25

○ *Martes*
Lectura: Proverbios 30:1–16
EOAO: Proverbios 30:5–6

○ *Miércoles*
Lectura: Proverbios 30:17–33
EOAO: Proverbios 30:18–19

○ *Jueves*
Lectura: Proverbios 31:1–9
EOAO: Proverbios 31:8–9

○ *Viernes*
Lectura: Proverbios 31:10–31
EOAO: Proverbios 31:30–31

Acompáñanos

ONLINE
lovegodgreatly.com/spanish
amadiosgrandemente.com

TIENDA
lovegodgreatly.com

FACEBOOK
Love God Greatly
Ama a Dios Grandemente

INSTAGRAM
@lovegodgreatlyofficial
@amaadiosgrandemente

PINTEREST
AmaaDiosGrandemente

TELEGRAM
AmaaDiosGrandemente

....

RECURSOS PARA CHICOS Y CHICAS (0- 13 AÑOS)
Chicos y Chicas ADG

INSTAGRAM CHICOS Y CHICAS
@adg_chicosychicas

....

RECURSOS PARA JÓVENES
adgjovenes.com

INSTAGRAM ADGJÓVENES
@adgjovenes

....

CONTÁCTANOS
info@lovegodgreatly.com
ask@lovegodgreatly.com

CONECTA
#LoveGodGreatly
#AmaaDiosGrandemente

PARA TI

Ofrecemos

Más de 40 Traducciones	Guías de Estudio Bíblico
Planes de Lectura Bíblica	Grupos Comunitarios
Estudio Bíblico en Línea	Biblia Ama a Dios Grandemente
Aplicación Ama a Dios Grandemente	Guias Ama a Dios Grandemente
Más de 200 Países Atendidos	Recursos de Estudio Biblico para Niños

Cada Estudio incluye

Tres Publicaciones de Blog Semanales	Desafíos Semanales
Devocionales Diarios	Preguntas de Reflexión Semanales
Versículos para Memorizar	Plan de Lectura Puente

Otros Estudios

En el Principio	Miedo y Ansiedad
Marcos	Santiago
No Más Vergüenza	Su Nombre es...
Pacto Eterno	Filipenses
Jesús Nuestro Todo	1 & 2 Timoteo
Amor Total	Transformadas
Equipadas: Ayer y hoy	Ruth
Miedo y Ansiedad	Quebrantada Y Redimida
Ha Resucitado	Caminando en Sabiduría
Acércate	Dios con Nosotras
Bienaventuranzas	En todo Da Gracias
Ester	Eres Perdonada
El Poder de las Palabras	David
Caminando en Victoria	Eclesiastés
Ser Justas, Amar la Misericordia y Caminar	Creciendo a través de la Oración
Humildemente	Nombres de Dios
Amor Fiel	Gálatas
Se Valiente	Salmo 119
Salvador	1 & 2 Pedro
Promesas de Dios	Creadas para Relacionarnos
Amar al falto de amor	La Ruta hacia la Navidad
La verdad que triunfa	El Origen de la Gratitud
1 & 2 Tesalonicenses	Eres Amada

www.ingramcontent.com/pod-product-compliance
Lightning Source LLC
Chambersburg PA
CBHW060326050426
42449CB00011B/2675